Jouko Järvenpää

GAMEPLAY Unity

Unity-peliohjelmointi tutuksi

Jouko Järvenpää

GAMEPLAY Unity

Unity-peliohjelmointi tutuksi

© 2024 Jouko Järvenpää

Kannen suunnittelu: BOD, Jouko Järvenpää

Kustantaja: BoD · Books on Demand GmbH, Helsinki, Suomi
Kirjapaino: Libri Plureos GmbH, Hampuri, Saksa
ISBN: 978-952-80-8286-6

LUKIJALLE

Onnittelut hyvästä päätöksestä tutustua digitaalisten pelien maailmaan ja kiinnostuksesta opiskella Unity-peliohjelmoinnin perusteita. Tässä teoksessa perehdytään yksinkertaisen 3D-pelin suunnitteluun suositulla **Unity -pelimoottorilla**. Unity on yksi suosituimmista pelimoottoreista. **GAMEPLAY**-kirjassa käsitellään seuraavia asioita:

- Unityn käyttöliittymän ja ohjelmointiympäristön käyttöönotto.

- Peliobjektit, assetit ja komponenttien käyttö.

- Terrain ja pelimaailman luominen.

- C#-ohjelmointikielen perusteet.

- Peliobjektien fysiikat ja fysiikkamateriaalit

- Partikkelisysteemi ja erilaiset tehosteet.

- Kamerat ja valaistus.

- Audio ja ääniefektit, taustamusiikki

- UI eli käyttöliittymä.

- GameManager -pelin hallinta, HUD eli Head Up Display.

- Harjoitustehtäviä on Unityn keskeisimmistä ominaisuuksista ja C# - ohjelmoinnista. Harjoitustehtävänä rakennetaan myös yksinkertainen 3D-Tankkipeli.

Tämän teoksen luettuasi ja tehtyäsi harjoitustehtävät, ymmärrät Unity-peliohjelmoinnin perusasiat. Mukavia ja antoisia hetkiä Unityn parissa!

Jouko Järvenpää

Tavoitteet:

- Osaat asentaa Unity-ohjelmiston.
- Opit luomaan uuden Unity-projektin ja tallentamaan sen.
- Osaat lisätä uuden scenen projektiin.
- Tunnet Unityn käyttöliittymän eri osat eli UI:n (User Interface)
- Osaat navigoida scenessä.
- Opit lisäämään peliobjektin (Cube) sceneen.
- Osaat tarkastella peliobjektin ominaisuuksia ja komponentteja Inspectorissa.

Unity-peliohjelmointiympäristö

Unity on Unity Technologies -yhtiön kehittämä pelimoottori, jolla voidaan kehittää 2D- ja 3D-pelejä eri alustoille. Unitylla voidaan luoda pelejä ja sovelmia MacOS, Windows ja Linux koneille sekä mobiilialustoille iOS, Android. Unitylla voidaan kehittää myös web-selainpohjaisia pelejä.

Unitysta on saatavilla maksullinen Pro-versio sekä ilmaiset Student- ja Personal-versiot. Student-version saa käyttöön, jos opiskelee oppilaitoksessa, joka on valtuutettu käyttämään Student-lisenssiä. Personal-versiossa ehtona on, että Unity-ohjelmistolla kehitettyjen pelien tuotto ja lahjoitukset saavat olla enintään 100 000 dollaria vuodessa. Yksityiseen käyttöön suositeltavin lisenssivaihtoehto on Personal-lisenssi.

Unity tarjoaa myös palveluja, joiden käyttäminen edellyttää Unity ID -tunnuksen luomista. Unity ID -tunnus kannattaa luoda, koska tällöin pääset tutkimaan mm. Unity Learn - sivuston tutoriaaleja, lataamaan peleihisi laadukkaita hahmoja Unity Asset Storesta ja kysymään apua ja vinkkejä Unityn foorumeilta. Unity ID:n voi luoda joko ennen ohjelman asennusta tai asennuksen yhteydessä.

Unity-projektien luominen ja avaaminen sekä Unity-versioiden hallinta tehdään **Unity Hub** -ohjelmalla. Unity Hub on ladattava ja asennettava koneelle ensimmäisenä. Tämän jälkeen valitaan ja asennetaan Unity-versio. Unityn asentamisen jälkeen tarvitaan vielä

Microsoftin **Visual Studio**. Visual Studiolla kirjoitetaan peleihin **C#**-ohjelmointikieliset skriptit. Skripteillä saadaan toiminnallisuutta pelissä oleville objekteille ja pelihahmoille. Ohjelmistojen asennusten jälkeen voidaan aloittaa Unity-pelimoottorin käyttö.

Unityn Hubin ja Unity-pelimoottorin asennus

Unityn-asennus aloitetaan siirtymällä Unityn verkkosivulle osoitteeseen *www.unity.com/download*. **Download** -linkistä aloitetaan asennusprosessi Windows-

alustalle. Asennus on kolmivaiheinen: Unity Hubin asennus, Unity pelimoottorin asennus ja Visual Studion asennus. Valittavina ovat asennusversiot myös Mac- tai Linux-koneille. Vaihtoehtoisesti pääset valitsemaan Unity-version suoraan osoitteesta *store.unity.com.* Store-sivulla valitaan *Student and Hobbyist* -välilehdestä ilmainen versio Personal.

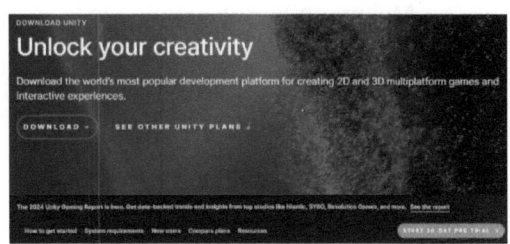

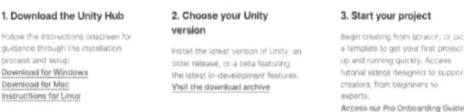

Kuva 1.Unityn lataaminen aloitetaan osoitteessa www.unity.com/download.

Unity Hub -asennus

Unity Hubilla luodaan uusia Unity-projekteja, hallitaan Unity-versioita, pidetään yhteyttä Unity-yhteisöön ja hallitaan olemassa olevia projekteja. Hubin asennus etenee seuraavasti:

1. Ensimmäisenä tietokoneelle ladataan **Unity Hub**. Windows versio ladataan klikkaamalla Download for Windows -painiketta. Käyttöoikeussopimuksen ehdot tulee hyväksyä.
2. Latauksen ja hyväksymisten jälkeen pitäisi Unity Hubin käynnistyä. Ellei Hub käynnistynyt, niin sen voi käynnistää UnityHubSetup.exe tiedostokuvaketta tuplaklikkaamalla. Kuvake näkyy selaimen tilarivillä ja se löytyy myös Windowsin Ladatut tiedostot -kansiosta (Downloads).
3. Tässä vaiheessa sinun tulee kirjautua Unity Hubiin. Ellet ole luonut tunnuksia, niin nyt ne tulee luoda.
4. Seuraavaksi lisätään Hubin avulla Unity-ohjelmisto, eli varsinainen pelimoottori.

Unity pelimoottorin ja Visual Studion asennus

Seuraavaksi lisätään Hubin avulla Unity-pelimoottori.

1. **Installs**-kohdassa valitaan Unity-versio. Oletuksena Unity tarjoaa sitä versiota, joka oli asennuksen aloitusvaiheessa valittuna. Suositeltava vaihtoehto on asentaa esimerkiksi **2022 LTS** -versio. LTS tulee sanoista Long Term Support. LTS versio on stabiili ja siitä on korjattu merkittävimmät bugit eli virhetoiminnot. Myöhemmin Hubiin voidaan lisätä muitakin Unity-versioita. Asennuksen eteneminen näkyy "In progress"-palkista.

2. Valitse asennettava Unity-versio. Kirjoitushetkellä asennettiin Official Release-versio 2022 LTS. Klikkaa Next.

3. Seuraavaksi lisätään Visual Studio valitsemalla Unity Hubin **Dev Tools-kohdasta Microsoft Visual Studio Community 2022**. Jos Hub ehdottaa uudempaa Visual Studio -versiota, niin valitse se.

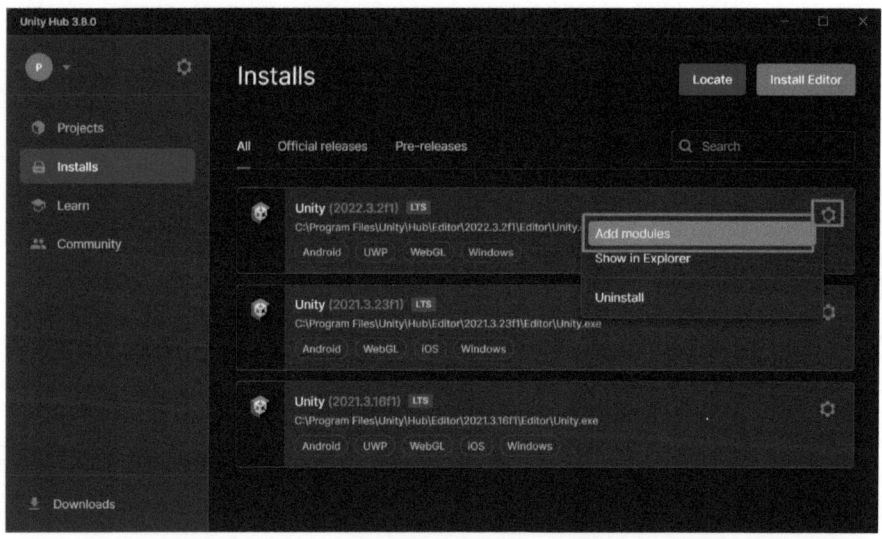

Kuva 2. Visual Studio lisätään Unityyn moduulina. Visual Studio tarvitaan C#-skriptien kirjoittamiseen.

Unityn asennuksen jälkeen Hubin kohdassa *Installs* näkyy asennettu Unity-versio. Oikeassa reunassa näkyvästä hammasrataspainikkeesta aukeaa valikko, josta valitsemalla **Add modules** näkyy asennettu moduuli Visual Studio. Jos Visual Studion asennus unohtui, sen voi asentaa Unity Hubin kautta myöhemminkin.

Unity Hubilla hallitaan Unity-versioita ja projekteja

Unity Hub on itsenäinen sovellus, jolla selataan, ladataan ja hallitaan Unity-projekteja sekä versioita. Hubin vasemmassa reunassa olevan valintojen toiminnot ovat lyhyesti:

- **Projects**-linkistä saadaan listattua ja avattua aiemmat projektit sekä luotua uusia projekteja.

- **Installs**-linkistä hallitaan Unityn versioita ja lisätään tarvittaessa lisämoduuleja asennukseen.

- **Learn**-linkistä Unity ID-tunnuksella kirjautuneena voidaan ladata tutoriaaleja ja eri tasoisia esimerkkiprojekteja.

- **Community** -linkistä pääsee selaamaan Unity-blogisivuja, foorumeita ja etsimään apua Help-sivustolta.

- **Preferences** -linkistä (hammasratas) voidaan muuttaa esimerkiksi projektien oletustallennuskansioita (Project location), editorin ulkoasua ja hallita lisenssiä.

- **Account**-valikosta kirjaudutaan sisään/ulos omalle Unity-tilille.

Uuden projektin aloitus

Uusi Unity-projekti aloitetaan Hubista kohdasta **Projects – New Project**. All Templates -valikossa on valittavissa mm. 2D ja 3D Core mallit, jotka ovat sopivia 'tyhjältä pöydältä' aloittamiseen. Valitaan tässä 3D Core malli. Projektille annetaan jokin kuvaava nimi **Project name** -kenttään. Oletustallennuskansio voidaan vaihtaa **Location** kentässä. Tallennuskansio on hyvä huomioida, jotta tarvittaessa

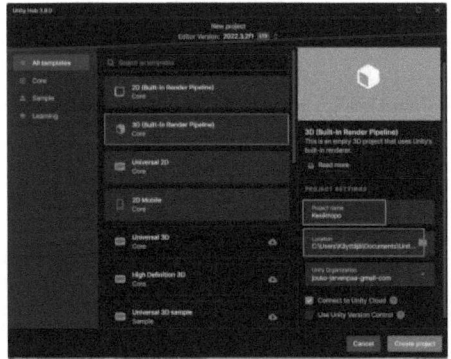

Kuva 3. Uudelle projektille annetaan nimi Project name -kenttään ja tallennuskansiota voi vaihtaa Location-kentässä.

tallennuskansion löytää esimerkiksi Windowsin Resurssinhallinnassa. Projekti luodaan klikkaamalla **Create project** -painiketta.

Unityn käyttöliittymä

Unityn käyttöliittymä on oletusnäkymässä jaettu neljään toiminnalliseen osaan: **Scene** ja **Game**-ikkuna, **Inspector**-ikkuna, **Hierarchy**-ikkuna ja **Project**-ikkuna. Project-ikkunassa nähdään Unityn projektikansion sisältö. Kaikki peliin lisättävät assetit eli peliobjektit, valikot, tekstiobjektit, kuvat ym. näkyvät Scene-ikkunassa. Uudessa projektissa Scene-näkymä on lähes tyhjä (Sample Scene). Scenessä on oletuksena kameraobjekti (**Main Camera**) ja valo (**Directional Light**). Unitysta ei ole saatavilla suomenkielistä versiota, joten jatkossa Unityn käyttöliittymistä käytetään englanninkielisiä nimityksiä, kuten "scene" ja "inspector".

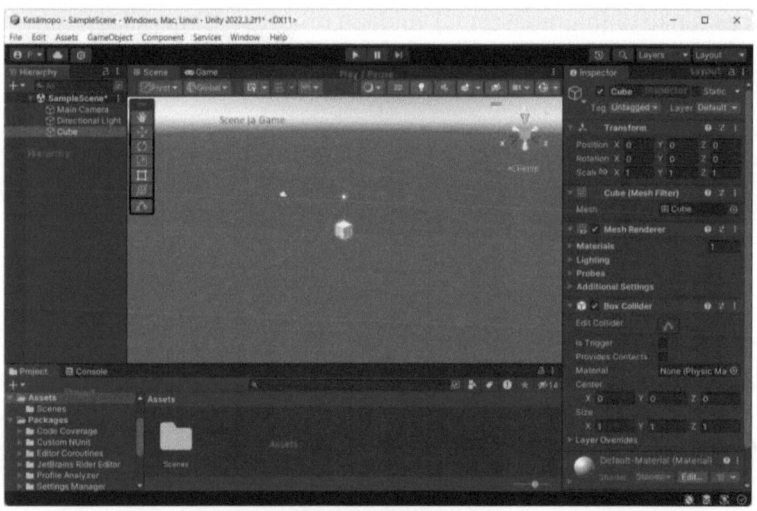

Kuva 4. Unityn käyttöliittymä oletusnäkymässä (Default). 1. Hierarchy-ikkuna, 2. Scene- ja Game-ikkuna, 3. Project-ikkuna ja 4. Inspector-ikkuna. Ikkunassa ovat myös 5. Play/Pause painikkeet.

Kullakin Unityn käyttöliittymän neljällä ikkunalla on tärkeä toiminnallinen tarkoitus pelien rakentamisessa. Scene- ja Game-ikkunassa nähdään pelimaailma, oletuskamera ja -valo sekä siihen lisätyt peliobjektit. Hierarkiassa näkyvät aktiivisen scenen peliobjektit luettelona. Project-ikkunassa hallitaan pelin asseteja ja kansioita. **Asseteiksi** kutsutaan esimerkiksi peliobjekteja. tekstuureja, C#-skriptejä, ääniä, videoita ja malleja. Inspector-ikkunassa voidaan muokata peliobjektin ominaisuuksia. Peliobjektin ominaisuudet liitetään **komponentteina**. Seuraavaksi tutustutaan tarkemmin Unityn käyttöliittymän eri osiin.

Hierarchy-ikkuna

Hierarchy-ikkunassa lisätään peliobjekteja + - valikosta. Peliobjekti nimetään ja objekteja voidaan järjestellä lapsiobjekteiksi. Lapsiobjekti on jonkin toisen objektin aliobjekti ja on sidottu isäobjektiin. Isä- ja lapsiobjekteja käsitellään tarkemmin myöhemmin tässä teoksessa. Hierarkiassa näkyy myös aktiivinen scene.

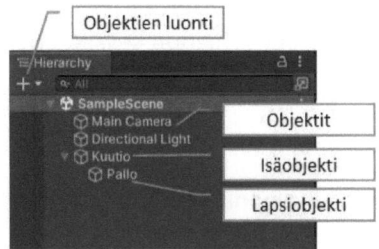

Kuva 5. Hierarchy-ikkuna.

Scene-ikkuna

Scene-ikkuna on näkymä rakennettavaan peliin. Näkymä on erilainen riippuen siitä, onko scene-ikkunassa 2D-näkymä vai 3D-näkymä. Scene-ikkunassa valitaan objekteja ja assetteja hiirellä klikkaamalla. Scenessä liikkumiseen on olemassa tietyt hiiri- ja näppäintoiminnot, jotka opetellaan objektien lisäämisen yhteydessä myöhemmin. Seuraavassa Scene-ikkunan selitykset:

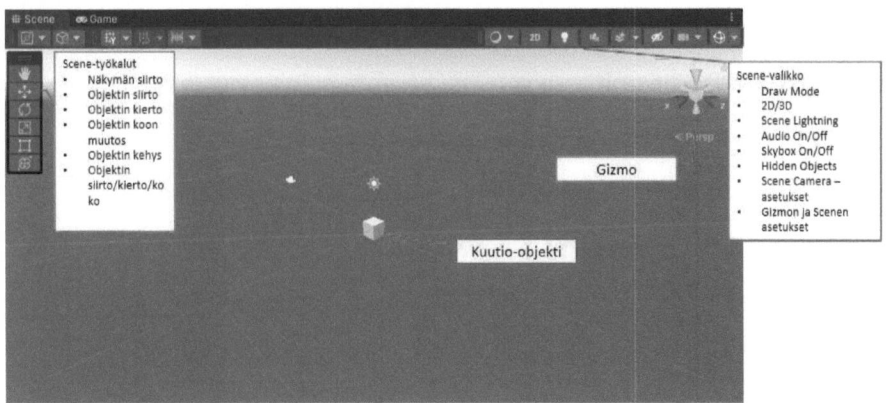

Kuva 6. Scene-ikkuna. Kuvassa Sceneen on lisätty kuutio-objekti (Cube), jota ei oletuksena siinä ole.

13

Scene-ikkunan oikeassa yläreunassa olevalla Gizmolla voit muuttaa näkymän suuntaa ja

perspektiiviä. Klikkaamalla Gizmon x-y- tai z-akselia (punainen,

vihreä ja sininen kartio), kyseinen akseli pyörähtää

kohtisuoraan kameraa kohti. Klikkaamalla hiiren oikealla

painikkeella Gizmon keskikuutiota, voidaan pikavalikosta valita

näkymän suunta sekä isometrinen (Iso) tai perspektiivi (Persp)

näkymä. Isometrisessä näkymässä kauempana oleva objekti

näkyy samankokoisena kuin lähellä oleva.

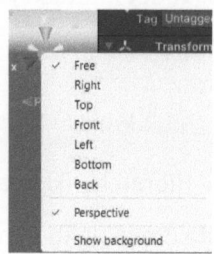

Kuva 7. Gizmo-pikavalikko.

Scene-näkymässä navigointi

Scenessä näkyviä objekteja voidaan valita hiirellä klikkaamalla. Objektin voi valita myös

Hierarchy-ikkunassa. Jos etsittävä objekti ei ole näkyvissä Scene-ikkunassa, sen saa

kohdistettua Scene-ikkunaan valitsemalla objekti Hierarchy-ikkunassa. Tämän jälkeen

siirretään hiiren osoitin Scene-ikkunaan ja painetaan näppäimistön F-näppäintä (Find).

Valittu kohde keskitetään Scene-ikkunaan.

Scenen-näkymää voidaan kontrolloida seuraavilla toiminnoilla, kun työkalurivin 🖐Hand

on valittuna:

- Vasen painike pohjassa näkymää voidaan siirtää eli panoroida eri suuntiin.

- Pyörittämällä hiiren rullapainiketta näkymää voidaan zoomata.

- Näppäimistön **Alt**-näppäin pohjassa ja hiiren vasenta painike pohjassa

  näkymää/kohdetta voidaan pyörittää eri suuntiin oletuspisteen ympäri.

- Rullapainike pohjassa saadaan näkymää panoroitua ylös/alas/sivuille.

- **Alt**-näppäin pohjassa ja hiiren oikea painike pohjassa voidaan näkymää zoomata

  hiirtä liikuttamalla.

- Pitämällä hiiren oikea painike pohjassa ja samalla näppäilemällä **WASD** -

  näppäimiä saadaan niin sanottu Flythrough Mode. Flythrough Modessa scenessä

  voidaan liikkua wasd-näppäinten avulla.

Jos hierarkiasta on Main Camera -objekti valittuna, ilmestyy Scene-ikkunan alareunaan pikkuikkuna, jossa pelimaailma nähdään kameranäkymästä. Kameranäkymä nähdään myös valitsemalla Game-välilehti.

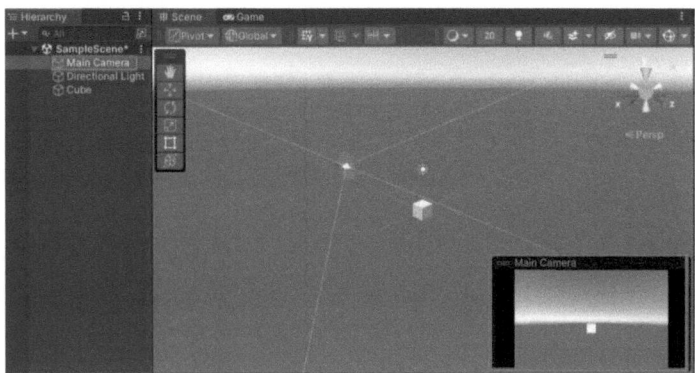

Kuva 8. Kun hierarkiasta on kameraobjekti valittuna, näkyy kameranäkymä pikkuikkunassa.

Game-ikkuna

Game-ikkunassa nähdään pelimaailma sellaisena, kun se pelissä näkyisi. Näkymä on sama kuin näkyy Play-painikeesta peli käynnistettäsessä. Hiirivalinnat eivät toimi Game-näkymässä, eikä peliobjekteja voi valita Game-ikkunassa. Game-ikkunan ylävalikon toiminnot ovat seuraavat:

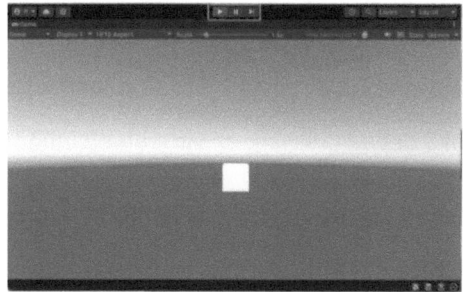

Kuva 9.Game-ikkuna.

- Game/Simulator: Normaali näyttö tai mobiilinäytön simulointi.

- Display: Näytön valinta (jos valittavissa useita)

- Aspect: Näytön koon (resoluution) valinta.

- Scale: Skaalaa näkymää.

- Play Focused: Pelin suoritus pienessä/koko näytössä.

- Audio On/Off.

- Stats: Pelin ajonaikainen statistiikka.

- Gizmos: Näytettävät gizmot.

Project-ikkuna

Project-ikkunassa nähdään kaikki peliin luodut tiedostot: scenet, materiaalit, C#-skriptit, 2D spritet, 3D-mallit, tekstuurit, materiaalit ja kansiot. Project-ikkunassa voidaan luoda ja hallita tiedostoja. Uusia assetteja (pelihahmoja, 3D-malleja,

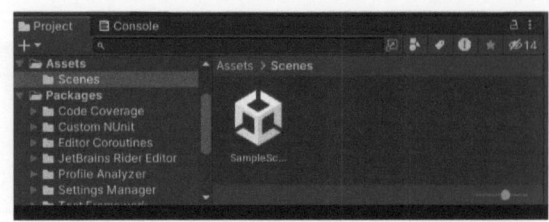

Kuva 10. Project-ikkuna

äänitehosteita yms.) voidaan ladata projektikansioon esimerkiksi **Unityn Assets Storesta**. Asset Store on Unityn lisämoduulien ja assettien lataussivusto. Kaikki tiedostot ja kansiot, jotka näkyvät Project-ikkunassa, ovat nähtävissä samanlaisena rakenteena Windowsin Resurssienhallinnassa. Project-ikkunan yläreunassa on **+**-painike. Tästä aukeaa **Create**-valikko eri kohteiden luomista varten. Create-valikon saa myös auki klikkaamalla hiiren oikealla painikkeella.

Console: Ohjelmassa voidaan tulostaa konsoliin. Myös virheilmoitukset ja varoitukset sekä debuggauksen, eli virheen etsinnän tulokset näkyvät Console-ikkunassa.

Unityn käyttöliittymän näkymä on mahdollista järjestää halutulla tavalla. Esimerkiksi osoittamalla hiirellä Hierarchy-ikkunan otsikkoriviä ja vetämällä vasen painike pohjassa, voidaan ikkuna siirtää haluttuun kohtaan tai jättää kelluvaksi ikkunaksi muiden päälle.

Näkymä voidaan asetella valmiilla Layout-esiasetuksella. Layout-vaihtoehtoja löytyy ikkunan oikeasta reunasta Layout-valikosta. Aloittelevalle käyttäjälle näkymävalinta Default on selkeä ja sitä käytetään useimmissa kirjan esimerkkiprojekteissa. Oma layout voidaan tallentaa asettelun jälkeen valitsemalla **Save Layout**.

Inspector-ikkunassa hallitaan objektin komponentteja

Kun Hierarchy- tai Scene-ikkunasta valitaan
jokin kohde, niin **Inspector**-ikkunassa
nähdään kohteen kaikki ominaisuudet ja
siihen liitetyt **komponentit**. Inspectorissa
nähdään mm. valitun kohteen nimi sekä
Transform-arvot, eli paikka, rotaatio ja koko.
Inspectorissa nähdään myös kohteen
oletuskomponentit. Komponentteja voidaan
tarvittaessa lisätä ja poistaa **Add Component**
-painikkeella. Esimerkiksi kuvassa 10 kuutiolla
(Cube) on Transform-, Mesh Filter-, Mesh
Renderer- ja Box Collider-komponentit.

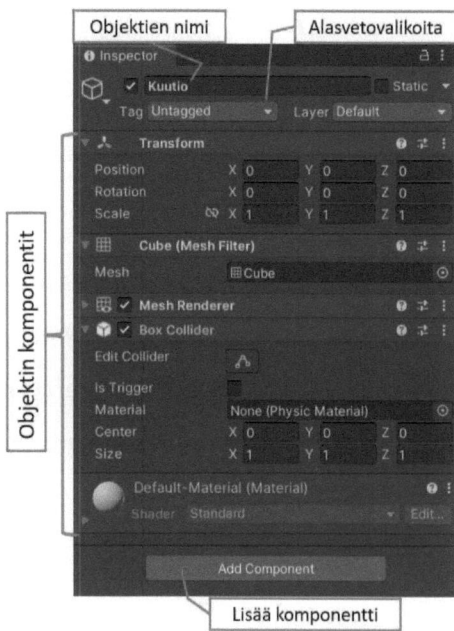

Kuva 11. Inspector

Komponentin voi **disabloida** eli asettaa pois
toiminnasta poistamalla komponentin nimikentässä olevan valintaruksi. Komponentti
voidaan poistaa objektilta kokonaan klikkaamalla komponentin nimikentän oikeassa
reunassa olevaa kolmea pistettä ja valitsemalla **Remove Component**. Komponentin voi
laajentaa ja kutistaa komponentin kolmiosymbolista.

Unityn käyttöliittymän
perusasetukset

Ennen varsinaisen työskentelyn
aloittamista Unityn
käyttöliittymästä on hyvä
tarkistaa esimerkiksi, että Visual
Studio on asetettu editoriksi.
Tämä voidaan tehdä valitsemalla
**Edit – Preferences – External
Tools – External Script Editor.**

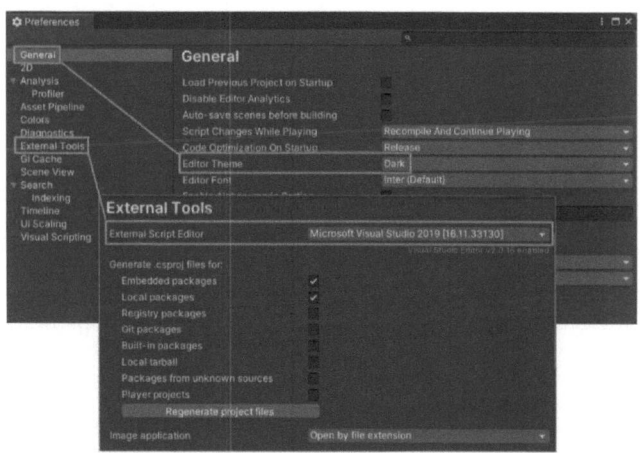

*Kuva 12.Preferences-valikon General- ja External Tools -
asetukset.*

17

Ellei Visual Studio ole External Script Editor -kentässä valittuna, niin sen voi valita alasvetovalikosta.

Preferences-valintaikkunassa valitsemalla **General – Editor Theme** voidaan vaihtaa esimerkiksi näkymän teemaa. Oletusteemana on *Dark* ja vaalean sävyn käyttöliittymään saa valitsemalla *Light*.

Myös Play-modessa voidaan muuttaa Inspectorin asetuksia ja testata ominaisuuksia. Tässä on oltava tarkkana, koska Play-modessa tehdyt muutokset eivät tallennu. Tämä aiheuttaa toisinaan sekaannusta. **Preferences**-valikosta löytyy hyödyllinen asetus, jolla saa värikorostuksen Play-mode -tilaan. Asetus löytyy valitsemalla **Edit – Preferences – Colors – Playmode Tint.**

Harjoitustehtävä 1. Unityn käyttöliittymän hallinta

Tehtävän suorittaminen edellyttää, että tietokoneellesi on asennettuna Unity-ohjelmisto ja Visual Studio. Ohjeet Unityn asentamiseen ovat sivulla 5–8.

1. Käynnistä **Unity Hub** .

2. Valitse Hub-ikkunassa **Projects - New Project**. Valitse **All Templates – 3D Core**. Anna **Project name**: *LUKU1*.

3. Huomioi tallennuskansio **Location** -kentästä ja muuta se tarvittaessa. Hyväksy valinnat klikkaamalla **Create project.**

4. Lisää sceneen kaksi peliobjektia; *Cube* (kuutio) ja *Sphere* (pallo) valitsemalla: **GameObject – 3D Object – Cube** ja **GameObject – 3D Object – Sphere.**

5. Tutustutaan seuraavaksi Unityn käyttöliittymän ikkunoihin:

   a. Valitse Hierarchy-ikkunassa vuorollaan kukin peliobjekti ja huomioi samalla objektin valinta Scene-ikkunassa ja Inspectorissa. Scene-ikkunassa näkyy valitun objektin gizmo, eli x-, y- ja z-koordinaatit.

b. Valitse Cube-objekti ja klikkaa nimen päällä hiiren oikealla painikkeella. Valitse pikavalikosta **Rename** ja nimeä Cube uudelleen "Kuutio" - nimiseksi.

c. Vaihda samalla tavalla Sphere-objektin nimeksi "Pallo".

d. Huomaa Hierarchy-ikkunassa scenen nimen perässä oleva ***** - merkki (SampleScene*). Tähtimerkki viestii, että scenen muutoksia ei ole tallennettu. Tallenna SampleScene näppäinyhdistelmällä **Ctrl + S** eli Control-näppäin pohjassa näppäile S.

6. Valitse seuraavaksi Scene-ikkunan **View Tool** . Siirrä hiiren osoitin Scene-ikkunaan ja kokeile seuraavat toiminnot:

a. Liikuta hiiren vasen painike pohjassa → siirtää näkymää.

b. Alt-näppäin painettuna ja hiiren vasenpainike pohjassa liikuta → pyörittää näkymää keskipisteen ympäri. Sama toiminto saadaan hiiren oikea painike pohjassa.

c. Alt-näppäin painettuna hiiren oikeapainike pohjassa liikuta → zoomaa näkymää. Sama toiminto saadaan ruullaamalla hiiren keskipainiketta (rullapainike)

d. Flythrough -modessa voit liikkua scenessä WASD-näppäimillä, kun pidät samalla hiiren oikeaa painiketta pohjassa. W eteen, A vasemmalle, S taakse, D oikealle.
Q ja E näppäimillä saat siirrettyä sceneä ylös ja alas.

7. Valitse seuraavaksi **Game**-ikkuna:

a. Siirtele **Scale**-liukusäädintä ja huomaa zoomaus. Palauta kuitenkin asetus 1x.

b. Valitse **Play Focused** valikosta **Play Maximized**. Tällä asetuksella scene näytetään Play-modessa koko näytön kokoisena

c. Klikkaa Play-painiketta ▐ ▶ ⅠⅠ ▶Ⅰ ▐. Palaa takaisin Edit-tilaan klikkaamalla Play uudelleen.

d. Palaa takaisin **Scene**-ikkunaan.

8. Valitse Hierarchy-ikkunasta **Main Camera** -objekti. Huomioi, että sceneen ilmestyy kameranäkymän pikkuikkuna.

a. Scene-ikkunan oikeassa yläreunassa on **gizmo**. Klikkaa hiiren oikealla painikkeella gizmon keskellä olevan pienen kuution päällä. Valitse pikavalikosta **Back**. Näkymä siirtyy z-akselin suuntaisesti objektien taakse.

b. Main Camera -objektissa näkyvät x ja y-akselit. Siirrä kameraa x-suunnassa ja y-suunnassa vetämällä hiirellä vuoroin x- ja y-akseleista. Huomioi pikkuikkunasta kameranäkymän siirtyminen.

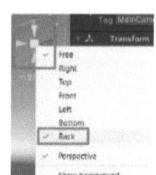

c. Objektin paikan, rotaation ja koon voi asettaa syöttämällä lukuarvot Inspectorin Transform-kenttiin. Arvoja voi muuttaa myös liukusäädintoiminnolla seuraavasti: Aseta hiiren osoitin kentän kirjaimen päälle. Paina hiiren vasen painike pohjaan ja siirrä hiirtä vaakasuunnassa.

d. Aseta lopuksi kameran Transformin Position arvot X:0 Y:1 Z:-10.

e. Valitse hierarkiasta Pallo-objekti ja muuta pallon Inspectorin Transform Position arvot X:0 Y:3 Z:0. Näin pallo asettuu kuution yläpuolelle.

9. Tutki seuraavaksi erilaiset **Layout**-vaihtoehdot.

   a. Valitse ikkunan oikeasta reunasta Layout-valikosta vuorollaan eri vaihtoehdot. Valitse kuitenkin lopuksi vaihtoehto **Default**.

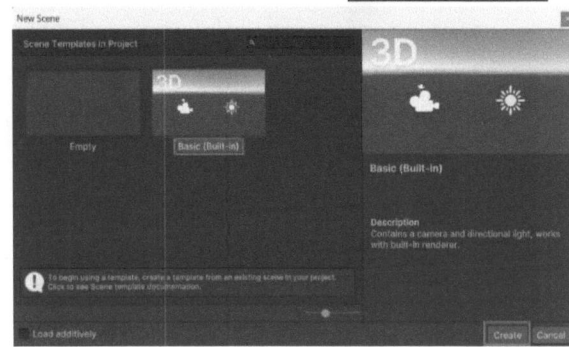

10. Luodaan seuraavaksi uusi scene.

   a. Valitse **File – New Scene**. Valitse *Basic(Built-in)* -malli ja klikkaa **Create**.

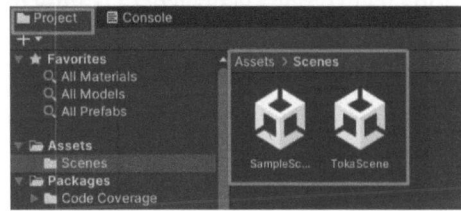

   b. Tallenna scene valitsemalla **File – Save**. Tallennusikkunassa näkyy scenen tallennuspolku. Avaa Scenes-kansio kaksoisklikkaamalla kansiokuvaketta. Anna scenelle nimeksi esim. *TokaScene*. Näin scene tallentuu suoraan Scenes-kansioon.

11. Tutki vielä lopuksi **Project**-ikkunan sisältöä. Assets-ikkunassa näkyy Scenes-kansio. Kansiossa pitäisi olla kaksi sceneä; *SampleScene* ja *TokaScene*. Pääset siirtymään takaisin SampleSceneen kaksoisklikkaamalla *SampleScene*-kuvaketta.

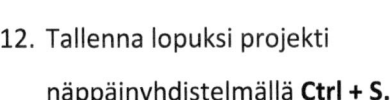

12. Tallenna lopuksi projekti näppäinyhdistelmällä **Ctrl + S.**

Tavoitteet:

- Opit lisäämään sceneen peliobjekteja.
- Osaat käyttää Assets Storea.
- Osaat lisätä peliobjektiin komponentteja.
- Opit luomaan uuden materiaalin.
- Opit lisäämään yksinkertaisen C#-skriptin komponentiksi.
- Osaat lisätä objektille Rigid Body- sekä Collider-komponentit.

2D- ja 3D-peleissä peliobjektit (Game Object) ovat pelin toiminnan tärkeimmät komponentit. Kaikki Scenessä olevat kohteet ovat peliobjekteja, joilla on koordinaatistossa sijainti, koko ja asento. Peliobjekteihin usein liittyy myös pelin toiminnallisuus, joka saadaan aikaiseksi liittämällä peliobjektiin komponentiksi skriptejä ja fysikaalisia ominaisuuksia. Tässä luvussa käsitellään pääasiassa 3D-koordinaatiston ominaisuuksia, koska Unityn ominaisuudet ovat parhaimmillaan 3D-pelien luomisessa.

Unitylla voidaan peliin luoda alkeellisia peliobjekteja primitiivimuodoista. Valikoimassa on mm. kuutio (**cube**), pallo (**sphere**), kapseli (**capsule**) ja taso (**plane**). Peliobjekteja voidaan luoda valitsemalla ylävalikosta **GameObject – 3D Object.** Myös Hierarchy-ikkunan **+**-valikosta voidaan luoda peliobjekteja. Jotta pelimaailman geometria selviää paremmin, niin tutustutaan ensin 2D- ja 3D-geometriaan Unityssa.

2D- ja 3D-koordinaatistot

Peliobjektien geometria ja liikkeet on sidottu Unityn koordinaatistoon. 2D- eli xy-koordinaatistossa on leveys- (x) ja korkeussuunnat (y). 3D- eli xyz-koordinaatistossa on leveys- ja korkeusakseleiden lisäksi syvyysakseli (z).

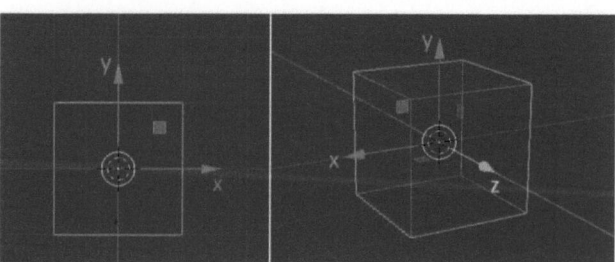

Kuva 13. 2D-pelin ulottuvuudet ovat x- ja y-koordinaatit. 3D-pelissä on kolme ulottuvuutta, x-, y- ja z-koordinaatit.

Unity on 3D-pelimoottori käsittelee myös 2D-pelien geometrian 3-ulotteisena. 2D-pelitoteutuksessa ei vain käytetä z-akselia. Todellisuudessa nykyaikaisen tietokoneen näytönohjain renderöi 2D-kuvaa aina 3D-kuvana.

Koordinaatistoissa akseleiden leikkauspistettä kutsutaan **origoksi**. 2D-koordinaatistossa origo on pisteessä (0,0). 3D-koordinaatistossa on kolmantena z-koordinaatti ja

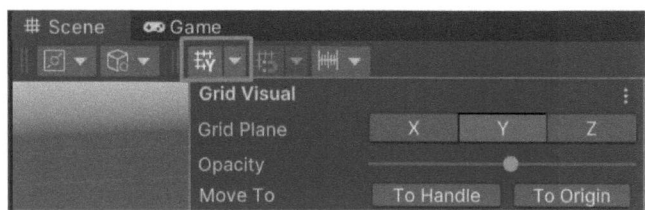

Kuva 14. Scenen apuruudukon (Grid) suuntaa voi vaihtaa. Tämä auttaa koordinaatiston hahmottamisessa.

siten origo on pisteessä (0,0,0). Origo on tärkeä, koska kaikkien objektien paikka suhteutetaan origoon. Unityssä origo on scenen keskellä. Scenessä on koordinaatiston apuruudukko, joka oletuksena näkyy kohtisuoraan y-suuntaan nähden. Ruudukon näyttösuunnan voi vaihtaa Scene-ikkunan **Grid Visibility** -valikosta.

Unityn mittayksikkö on oletuksena **metri**. Esimerkiksi, jos kappaleen sijainti Unityssä on (2, 3, 1), niin se sijaitsee origosta kaksi metriä x-akselin suunnassa, kolme metriä y-suunnassa ja yksi metri z-akselin suunnassa.

3D-tilassa scenen perspektiiviä ja katselusuuntaa voidaan asettaa scene-ikkunan oikeassa yläreunassa olevasta gizmosta. Katselusuunta vaihdetaan klikkaamalla gizmon akseleita. Klikkaamalla gizmon pientä kuutiota, voidaan valikosta vaihtaa joko perspektiivi- tai ortograafiseen (Ortho) näkymään. Ortho-näkymässä perspektiivi häviää.

Peliobjektien geometria

Peliobjekteja (Game Object) ovat kaikki peliin lisätyt ja Hierarchy-ikkunassa näkyvät objektit. Peliobjekteja voidaan tuoda peliin myös Unityn Asset Storesta tai lukuisista kolmannen osapuolien tarjoamista lataussivustoista. Myöhemmin tutustutaan Unityn Asset Storen käyttöön.

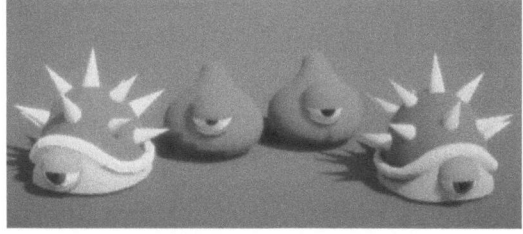

Kuva 15. Unityn Asset Storesta on mahdollista ladata valmiita peliobjekteja.

Peliobjekti voi geometristen ja dynaamisten ominaisuuksien lisäksi säilöä erilaisia komponentteja, esimerkiksi skriptejä ja fysikaalisia ominaisuuksia. Peliobjektin geometriset ominaisuudet on säilötty **Transform**-komponenttiin, joka on oletuksena kaikilla komponenteilla. Transform-komponentti (kuten muutkin komponentit) näkyy Inspectorissa, kun peliobjekti on valittuna Hierarchy-ikkunassa.

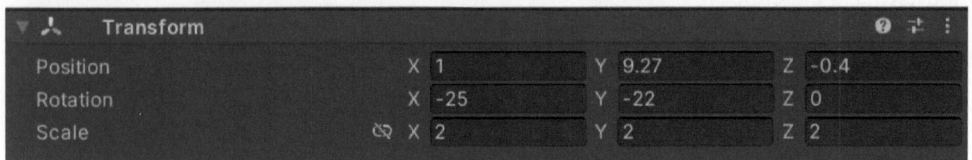

Kuva 16. Peliobjektin Transform-komponentti näkyy Inspectorissa.

Transform

Transform-komponentti sisältää peliobjektin paikan (**Position**), rotaation eli pyörimisasennon (**Rotation**) ja mitat (**Scale**). Kaikki Transform-komponentin arvot ovat Unityn koordinaatiston yksiköissä.

Position-arvot ovat *xyz*-koordinaatiston arvoja, jotka voivat olla positiivisia tai negatiivisia. **Rotation**-arvot ovat kulma-asteina ja kiertokulma lasketaan akseleihin nähden. Rotation kiertää peliobjektia oman paikallisen koordinaatistonsa eli itsensä ympäri. Positiivinen kiertosuunta on myötäpäivään eli kellon viisareiden suuntaan. Negatiivinen kierto kiertää objektia vastapäivään.

Scale eli peliobjektin koko. Unityn primitiiviobjektien koko on oletuksena (1,1,1). Unityn mittakaavassa koordinaatiston yksi apuruutu vastaa luonnossa 1 metriä. Scenen apuruudukossa näkyy vahvennettuna 10 x 10 ruudukko.

Kuvassa 17 on kolme kapselia, joiden Transform-komponentin Position- ja Rotation-arvot ovat erilaiset. Keskimmäinen kapseli on origossa Position (0, 0, 0). Vasemmanpuoleinen on siirretty x-akselin suuntaan kaksi metriä ja z-akselin

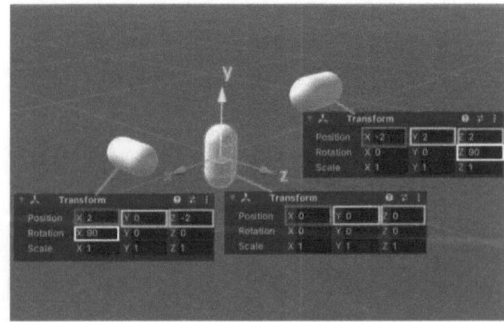

Kuva 17. Kapseleiden Transform-arvojen vaikutus kapseleiden sijaintiin ja asentoon.

vastakkaiseen suuntaan -2 metriä. Sitä on myös kierretty 90-astetta oman paikallisen koordinaatistonsa x-akselin ympäri. Oikeanpuoleisen kapselin paikkaa on myös muutettu ja kierto on tehty z-akselin ympäri 90-astetta.

Transform-arvoja muokataan joko Inspector-ikkunassa Transform-komponentin arvoja muuttamalla tai valikkorivin **Move-**, **Rotate-**, **Scale-**, **Rect-** ja **Transform-** työkaluilla. Työkalut voidaan aktivoida myös *QWERTY*-näppäimillä. Esimerkiksi **Q**-näppäin aktivoi Hand-työkalun, **W** aktivoi Move-työkalun ja **Y**-näppäin Transform-työkalun.

Peliobjekti on valittava ennen Transform-arvojen muuttamista Hierarcy- tai Scene-ikkunassa. Transform-työkalun valinta näkyy objektissa erilaisina gizmoina eli vempaimina. Alla kuvassa on kunkin työkalun gizmo.

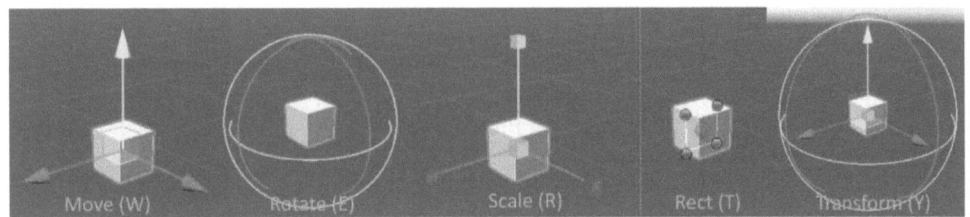

Kuva 18. Transformin gizmo muuttuu sen mukaan, mikä toiminto on valittuna työkaluvalikosta.

Transform-arvoja voidaan muuttaa hiirellä gizmoista vetämällä. Esimerkiksi Rotate-gizmossa voidaan objektia pyörittää X-akselin ympäri punaisesta renkaasta, Y-akselin ympäri vihreästä ja Z-akselin ympäri sinisestä renkaasta.

Rect-työkalulla asetetaan 2D-objektien, kuten spriten ja pelin käyttöliittymän (UI, user interface) transformia. Rect on lyhenne sanasta rectangle eli suorakulmio. UI:n luominen käsitellään myöhemmin.

Globaali- ja lokaali koordinaatisto

Unityn pelimaailmassa on kaksi eri koordinaatistoa: maailman koordinaatisto (**Global**) ja lisäksi jokaisella peliobjektilla on oma lokaali koordinaatistonsa (**Local**). Koordinaatiston voi vaihtaa scene-valikon Tool Handle-valikosta.

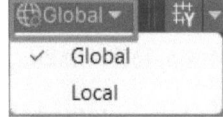

Kuva 19.
Koordinaatiston
valinta

Global-koordinaatistossa on yksi x-, y- ja z-akseli, jonka mukaan kaikkien objektien paikka määräytyy. Local-koordinaatisto on jokaisella peliobjektilla oma. Lokaalissa koordinaatistossa origo on peliobjektin geometrisessä keskipisteessä. Jos esimerkiksi peliobjektia käännetään muuttamalla Transformin Rotation arvoja, niin lokaali koordinaatisto kääntyy mukana.

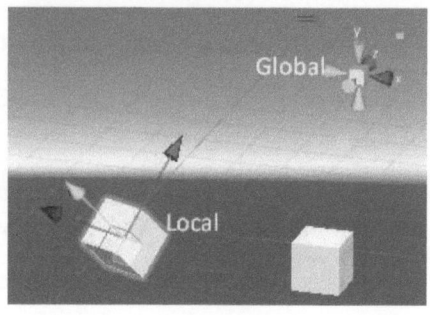

Kuva 20. Objektin lokaalikoordinaatisto kääntyy mukana, kun objektia käännetään. Local-koordinaatistoon tällä ei ole vaikutusta.

Peliobjekteja ja assetteja Asset Storesta

Unityn editorissa käytettävissä olevat valmiit alkeisobjektit riittävät hyvin erilaisiin kokeiluihin ja yksinkertaisiin peleihin. Pelin visuaalisella ulkoasulla, pelihahmojen väreillä ja materiaaleilla

> Assetti = peliin lisätty 3D-malli, animaatio, tekstuuri, äänitiedosto, skripti.

on suuri vaikutus pelattavuuteen ja pelin viihdyttävyyteen. Pelihahmojen, taustakuvien ja visuaalisen ilmeen suunnittelu ja toteuttaminen on oma erikoisosaamisen alue ja tavallisesti eri henkilöiden vastuulla kuin koodaaminen. Peliin voidaan tuoda muun muassa valmiita taustakuvia, hahmoja ja malleja mm. **Unityn Asset Storesta** sekä internetin eri palveluista.

Unitylla on oma Asset Store, josta on saatavilla valtaisa määrä erilaisia assetteja sekä ilmaiseksi että maksullisena. Asset Store aukeaa internet-selaimen kautta valitsemalla **Window – Asset Store**. Unity-tunnuksellasi kirjautuneena käyttäjänä saat ladattua assetit selaimella suoraan projektiisi. Asset Store sisältää valtaisan määrän assetteja, joten hakua pitää suodattaa. Esimerkiksi 3D-hahmoja voi suodattaa valitsemalla **3D – Characters**.

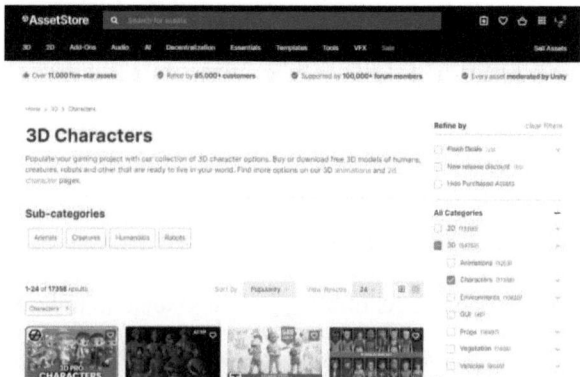

Kuva 21. Asset Storesta voi ladata peliin assetteja. Tarjolla on niin ilmaisia kuin maksullisiakin.

Asset Storen oikeassa reunassa on lisää suodattimia, joista valitsemalla hakua voi tarkentaa. Valitut suodattimet näkyvät ikkunan yläreunassa. Esimerkiksi **Characters-, Vehicles-, Free Assets**-suodattimilla saadaan lajiteltua ilmaisia ajoneuvoassetteja. Assetin esittelykuvaketta klikkaamalla aukeaa assetin esittely ja latausikkuna. Valitaan tästä esimerkiksi ARCADE: Free Racing Car -asset klikkaamalla kuvaketta.

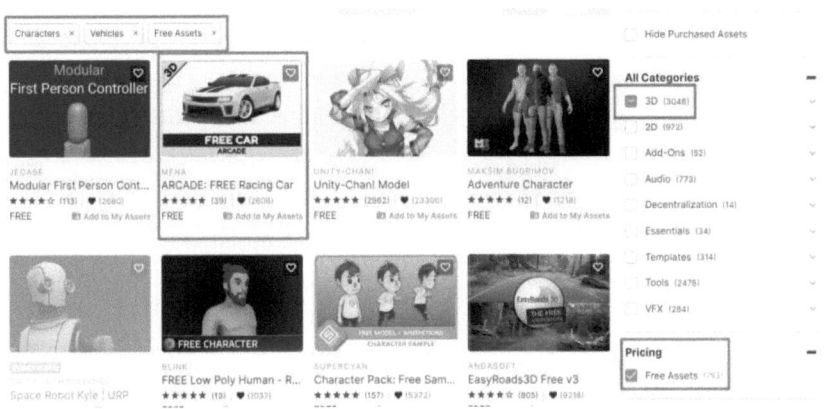

Kuva 22. Asset Storen suodattimilla voidaan tarkentaa hakua. Haluttu assetti ladataan klikkaamalla Add to My Assets -linkkiä.

Assetin esittelyikkunassa on assetista tarkempia tietoja. Assetti ladataan klikkaamalla **Add to My Assets** -painiketta.

Klikkaamalla **Open in Unity** aukeaa Unityn **Package Manager** -valintaikkuna. Package Managerilla ladataan ja hallitaan Unityn lisäpaketteja. Package Manager -ikkunassa klikataan ensin **Download**, jolloin paketti ladataan 'manageriin'.

Tämän jälkeen pitää klikata **Import**-painiketta ja valitaan avautuvasta **Import Unity Package** -ikkunasta **Import**. Lopuksi Package Manager -ikkuna voidaan sulkea.

Package Manager lisää ladattuun hahmoon liittyvät tiedostot **Assets**-kansioon. Ne näkyvät **Project**-

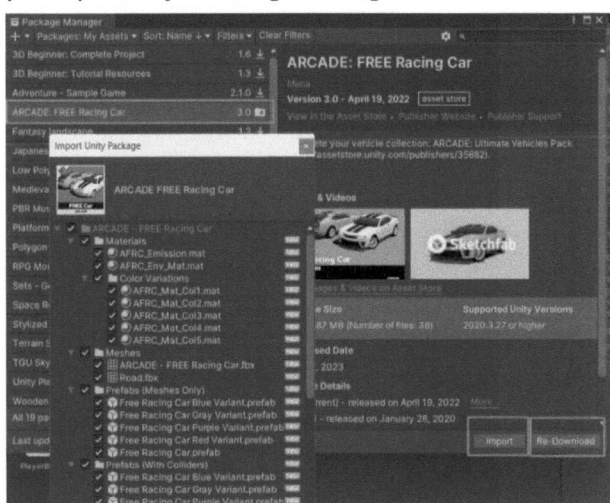

Kuva 23. Package Manager -ikkunassa ladataan ja hallitaan Unityn lisäpaketteja.

ikkunassa. Ladatun assetin kansio (tässä ARCADE – FREE Racing Car) sisältää usein useita alikansioita, kuten *Materials, Meshes, Prefabs, Scenes*. Kansiot sisältävät nimensä mukaisesti erilaisia tiedostoja, joita voidaan hyödyntää pelin toteutuksessa.

Peliobjekti lisätään sceneen raahaamalla se hiirellä Assets-kansioista scene-ikkunaan. Tämä lisää assetista objektin Hierarchy-ikkunaan. Esimerkin Racing Car -assettista on tarjolla kahdet eri versiot. **Prefabs (Meshes Only)** -kansiossa autosta on vain Transformin sisältävä objekti. **Prefab (With Colliders)** -kansion objektit sisältävät **Rigidbody**-komponentin, joka lisää

> Prefab = peliobjektin malli, jota voidaan monistaa useita kappaleita. Valmistusmuotti.

objektiin painovoiman. **Collider** -komponentin avulla peliobjekti tunnistaa törmäyksen toiseen objektiin.

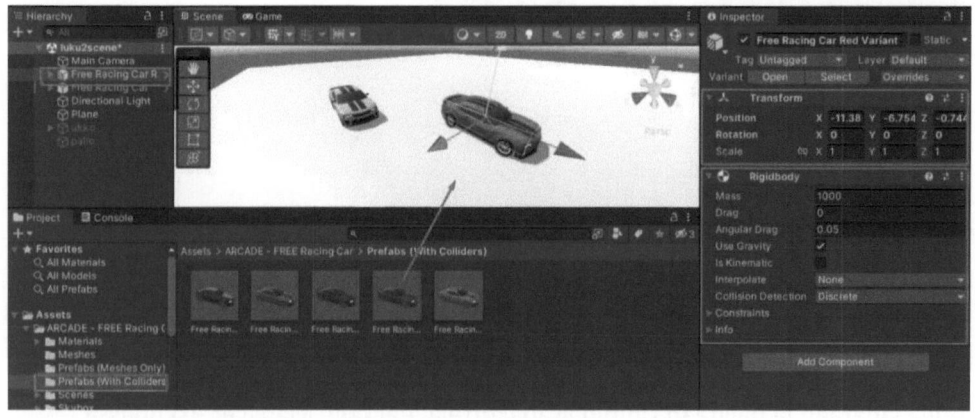

Kuva24. Peliobjekti lisätään scene-ikkunaan Assets-kansiosta hiirellä raahaamalla. Tämä lisää mallista objektin hierarkiaan. Peliobjektin komponentit näkyvät Inspector-ikkunassa.

Komponenteilla saadaan peliobjektille ominaisuuksia

Peliobjektiin voidaan liittää useita erilaisia komponentteja, joilla voidaan määrätä objektin käyttäytymistä ja ominaisuuksia. Seuraavassa taulukossa on lueteltu Unityn yleisiä komponentteja ja niiden käyttötarkoitus:

Komponentti	Tarkoitus
Transform	Määrää peliobjektin sijainnin, koon ja kiertokulman 3D-tilassa. Tämän avulla objektia voidaan siirtää, skaalata ja kääntää.
MeshRenderer	Määrää objektin ulkoasun ja sen, miten objekti piirretään. Sisältää materiaalin, varjot ja tekstuurit.
Collider	Määrittää peliobjektin törmäyskuvion muodon ja koon. Huolehtii objektien fyysisestä vuorovaikutuksesta ja fysiikan simuloinnista. Useita erilaisia vaihtoehtoja: Box, Circle, Capsule, Polygon jne.
Rigidbody	Lisää objektille fysiikkaa: massa, painovoima, kitka.
Script	Peliobjektille saadaan lisättyä ohjelmoimalla erilaista toimintalogiikkaa. Unityssa käytetään yleisesti C#-ohjelmointikieltä.
AudioSource	Äänentoistoa varten "kaiutin", jonka kautta äänet toistetaan.

Komponentteihin tutustutaan tarkemmin harjoitustehtävissä.

Mesh ja malli

2D-peleissä graafiset objektit ovat kaksiulotteisia, siis käytännössä litteitä x-y-tasossa esitettyjä kuvia eli **spriteja**. 2D-animaatiossa spritea animoidaan toistamalla useita kuvaruutuja peräkkäin. Tällä tavoin saadaan vaikutelma esimerkiksi liikkeestä.

3D-malleilla tila on 3-ulotteinen ja siten grafiikan laskentatehovaatimus on huomattavasti suurempi kuin 2D-grafiikassa. Tehokkuuden kannalta edullisin ja yksinkertaisin 3-ulotteisen mallin luomiseen käytetty alkeiskuvio on kolmio (triangle), mutta myös monikulmioita eli **polygoneja** käytetään. 3D-pelimalli eli **mesh** luodaan polygonien muodostamasta verkkomallista, joka "päällystetään" materiaalilla ja tekstuurilla.

> Mesh tarkoittaa kappaleesta luotua verkkomallia, joka sisältää vain kappaleen geometrian. Kun mesh-verkkoon lisätään tekstuurit eli pintakuvio ja muut materiaalit, saadaan 3D-malli.

Unityssa valmiit primitiiviobjektit, kuten *Cube, Sphere, Capsule*, ovat meshejä. Niitä voidaan käyttää yksinkertaisina peliobjekteina. Primitiiviobjekteja yhdistelemällä voidaan rakentaa monimutkaisempia objekteja.

Materiaalit ja tekstuurit

Meshin ulkoasua varten tarvitaan materiaaleja. **Materiaali** määrittää, miten pinta renderöidään eli toistetaan tietokoneen näytöllä. Materiaaliin voidaan liittää **tekstuuri**. Tekstuurit ovat bittikarttakuvia. Tekstuureja voidaan ladata Asset Storesta tai niitä voi luoda itse kuvankäsittelyohjelmilla, esimerkiksi Gimp, Photoshop.

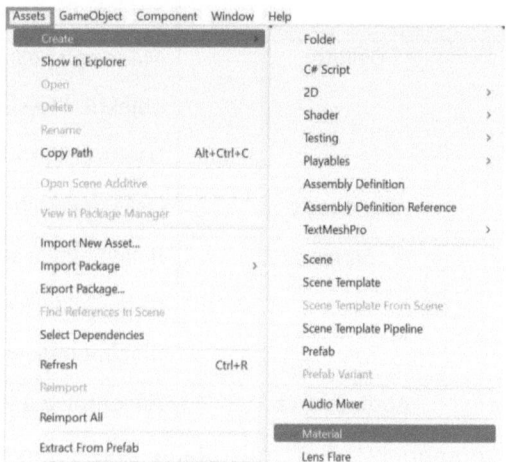

Kuva 25. Uusi materiaali luodaan valitsemalla Assets - Create - Material.

Unityssa materiaaleja voidaan luoda editorissa valitsemalla **Assets – Create – Material**. Sama valikko saadaan klikkaamalla hiiren oikealla painikkeella Asset-kansiossa.

Materiaali nimetään jollakin kuvaavalla nimellä. Kun materiaali on valittuna Assets-kansiossa, sen asetuksia voidaan muokata Inspectorissa. Materiaalin Shader-asetus (suom. varjostin) määrittää, miten materiaali näytetään. Oletuksena käytetään Shader-asetusta Standard, jossa voidaan asettaa materiaalille erilaisia parametreja.

Rendering mode -valinnalla voidaan asettaa materiaalin läpinäkyvyyttä (transparency). **Albedo**-tekstin edessä olevasta pienestä rinkulasta voidaan valita tekstuuri ja valkoisesta väriruudusta valitaan pohjaväri.

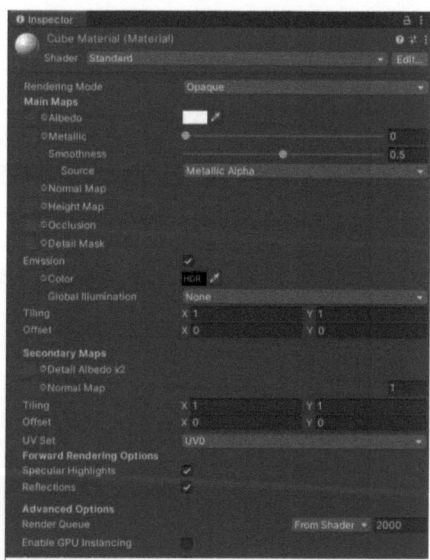

Kuva 26. Inspectorin Material - valintaikkuna.

Metallic- ja **Smoothness** -liukusäätimillä saadaan säädettyä materiaalin kiiltoa ja
mattapintaa. Materiaalin asetuksiin ei tässä yhteydessä paneuduta tarkemmin.
Seuraavassa harjoituksessa tutustutaan Asset Storen käyttöön ja ladataan malleja,
materiaaleja ja tekstuureja.

Harjoitustehtävä 2. Asset Store, peliobjekti, komponentit, materiaalit

Tehdään pelimaailma, jossa on suorakulmion muotoinen areena. Areenaa ympäröivät
reunukset, jotta liikkuvat peliobjektit eivät putoa areenalta. Areena luodaan
yksinkertaisista kuutioista (Cube) ja tasosta (Plane). Lisätään sceneen Asset Storesta
ladattu auton malli. Koodataan **Visual Studiolla** lyhyt C#-skripti, jolla autoa voidaan
liikuttaa. Lisätään autolle **Rigid Body**- ja **Collider**-komponentit.

1. Luo uusi projekti nimellä *Racing car* tai lisää avoinna olevaan projektiin uusi scene
   File – New Scene. Tallenna scene nimellä *Areena*.

2. Lisää sceneen Plane-objekti, **GameObject – 3D Object – Plane**. Nimeä Plane *Taso*
   -nimiseksi.

   a. Muuta *Tason* Transform **Position** (0, 0, 0); **Rotation** (0, 0, 0); **Scale** (3, 1, 3)

   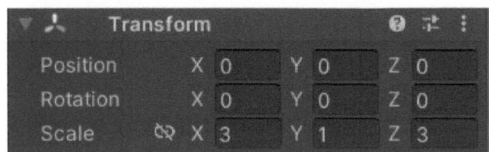

   Asettele ja zoomaa scene siten, että näet koko tason.

3. Lisää seuraavaksi Cube-objekti ja nimeä se *Reuna*-nimiseksi. Aseta *Reuna*-objektin
   Transform **Position** (15, 1, 0); **Rotation** (0, 0, 0) ; **Scale** (1, 2, 30).

4. Duplikoi eli kahdenna *Reuna*-objekti klikkaamalla hierarkiassa
   Reuna-objektin päällä hiiren oikeanpuoleisella painikkeella
   (kakkospainike) ja valitse pikavalikosta **Duplicate**.

   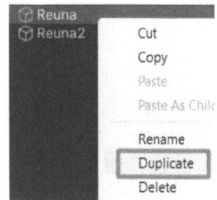

5. Nimeä kopio *Reuna2* ja muuta sen Transform **Position** (-15, 1, 0); **Rotation**- ja **Scale** -arvoja ei tarvitse muuttaa.

6. Duplikoi *Reuna2* -objekti ja muuta nimeksi *Reuna3*. Muuta Transform **Position** (0, 1, 15); **Rotation** (0, 90, 0). Näin reuna kääntyy 90-astetta y-akselin ympäri ja se voidaan sijoittaa kohtisuoraan muita reunuksia.

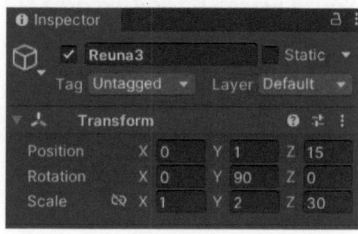

7. Duplikoi vielä *Reuna3* ja nimeä kopio *Reuna4*-nimiseksi. Muuta *Reuna4*-objektin Transform **Position** (0, 1, -15)

8. Siirretään vielä kaikki *Reuna*-objektit *Taso*-objektin lapsiobjekteiksi, jotta ne seuraavat *Taso*-objektin geometriaa. Valitse siis hierarkiasta ensin *Reuna*-objekti ja sitten Vaihto-näppäin (Shift) pohjassa valitse *Reuna4*-objekti. Näin kaikki neljä reunaobjektia tulevat valituiksi.

9. Vedä hiirellä valitut reunaobjektit *Taso*-objektin päälle, jolloin ne sisentyvät sen alle. Tällä tavoin myös hierarkia saadaan pidettyä selkeämpänä, kun objekteja voidaan ryhmitellä kutistettaviksi valikoiksi. Pienestä isäobjektin nuolenkärjestä saa kutistettua ja laajennettua lapsiobjektit näkyviin. Alla kuvassa tehtävän scene tässä vaiheessa.

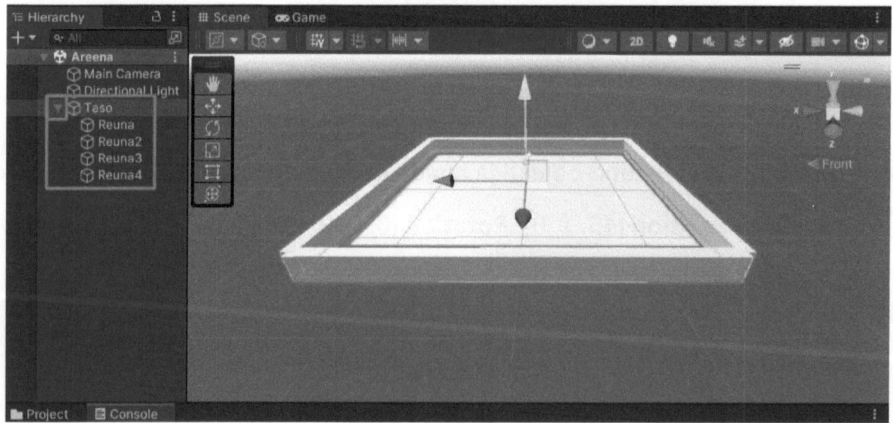

Seuraavaksi lisätään pelimaailman objekteihin materiaaleja. Jotta materiaalin voi lisätä, se täytyy ensin luoda.

10. Lisää Project-ikkunassa Assets-kansioon uusi alikansio nimellä  *Materials*. Klikkaa hiiren oikealla painikkeella Assets-ikkunan tyhjässä kohdassa ja valitse pikavalikosta **Create – Folder**.

11. Avaa Materials-kansio. Lisää kansioon uusi materiaali hiiren pikavalikosta valitsemalla **Create – Material.** Nimeä materiaali Reuna-nimiseksi.

12. Valitse Reuna-materiaali ja aseta Inspectorissa Albedo-kentästä sen väriksi esimerkiksi tiilen oranssi.

13. Saat asetettua Reuna-materiaalin reunukseen vetämällä hiirellä materiaalin sceneen reunaobjektien päälle.

14. Luo Materials-kansioon uusi materiaali nimellä *Taso*. Aseta sille väriksi esimerkiksi jokin hiekan ruskea. Liitä Inspectorissa Taso-materiaali Taso-objektin materiaaliksi.

Seuraavaksi ladataan **Assets Storesta** valmis autoassetti. Ohjeet **Free Racing Car** - assetpaketin lataamiseksi ovat sivulla 26–27. Autossa on valmiina materiaali. **RigidBody** ja **Collider**-komponentit pitää lisätä, jotta autolle saadaan fysiikkaominaisuuksia.

15. Lisää Asset Storesta Free Racing Car assetti. Ohjeet sivuilla 26–27. Lataamisen jälkeen Assets-kansiossa on uusi kansio nimeltään *ARCADE-FREE Racing Car.* Se

33

sisältää useita alikansioita.

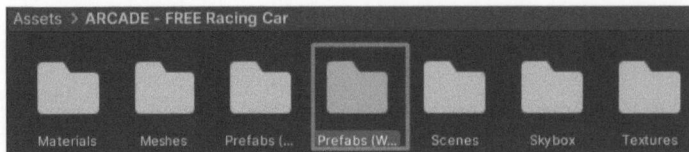

16. Avaa *Prefabs(With Colliders)* -kansio. Kansiossa on viisi eriväristä autoa. Valitse haluamasi auto ja vedä se hiirellä sceneen keskelle areenaa.

17. Tallenna scene tässä kohtaa näppäinyhdistelmällä **Ctrl + S**. Voit katsoa pelinäkymää Game-näkymässä tai käynnistämällä pelin **Play**-painikkeesta. Muista myös sulkea pelitila klikkaamalla uudelleen Play painiketta.

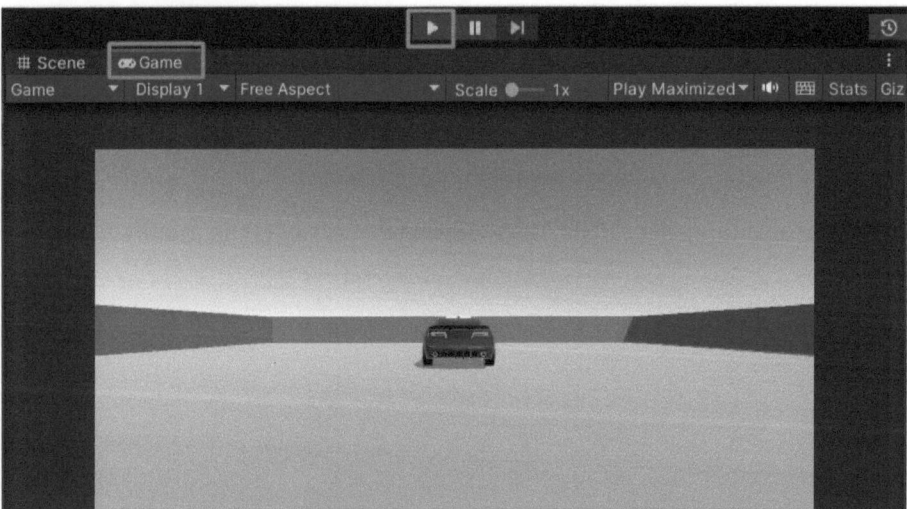

Pelissä ei ole vielä mitään toiminnallisuutta. Jotta auto saataisiin liikkeelle, pitää se ohjelmoida liikkumaan. Tätä varten tarvitaan **C#-skripti**. Skripti koodataan Microsoftin **Visual Studio** -ohjelmalla, joka liitettiin Unityyn mukaan asennuksen yhteydessä. C#-ohjelmoinnin perusasioihin perehdytään myöhemmin ja tässä vaiheessa riittää, että kopioit koodin huolellisesti ja luet koodissa olevat kommentit.

Kommentit selventävät ohjelman toimintaa lukijalle, eivätkä ne vaikuta ohjelman toimintaan. Kommenttirivi merkitään // -merkillä. Koodissa on *using*-rivejä, muuttujia ja *Start*- ja *Update*-funktiot ja paljon vielä tuntemattomia asioita. Nämä ohjelman eri osat selviävät tarkemmin myöhemmin. Tärkeintä on, että kopioit ja kirjoitat koodin täsmälleen samanlaisena. Erittäin tarkkana on oltava **aaltosulkeiden** (lohkomerkkien) { } kanssa, jotta niitä on parillinen määrä.

Visual Studio tuottaa koodia automaattisesti ja ehdottaa lisättävää koodia. Ehdotuksen voi hyväksyä Enter-näppäimellä. Editori värittää ohjelmasta tekstejä eri värillä. Ohjelmoinnin varatut sanat ovat yleensä sinisellä, kommentit vihreällä ja omat muuttujat valkoisella tekstillä. Värit voivat kuitenkin vaihdella riippuen ohjelman käyttöliittymän asetuksista.

18. Luo Project-ikkunan Assets-kansioon uusi kansio nimellä *Scripts*. Valitse hiiren oikean painikkeen pikavalikosta **Create – Folder**. Avaa kansio tuplaklikkaamalla.

19. Klikkaa hiiren oikealla Scripts-kansioikkunan tyhjässä kohdassa ja valitse pikavalikosta **Create – C# Script**.

20. **HUOMIO! Nimeä heti** ensimmäisenä skripti **CarControl** -nimiseksi. Jos nimeäminen tehdään myöhemmin, niin ohjelma ei linkity Unityyn ja aiheuttaa virheilmoituksen. Skripti ei tällöin toimi Unityssa.

21. Avaa CarControl-skripti Visual Studioon tuplaklikkaamalla CarControl -kuvaketta. Ohjelmassa on automaattisesti luotua koodia. Kaikki koodissa ei ole tarpeellista. Valmis koodi näyttää seuraavanlaiselta (kommentit on käännetty englannin kielisistä suomeksi).

```
using System.Collections;
using System.Collections.Generic;
using UnityEngine;


public class CarControl : MonoBehaviour
{
```

```
      // Start-funktio suoritetaan kerran ohjelman alussa.
      void Start()
      {
      }
      // Update-funktiota kutsutaan pelin jokaisella framella.
      void Update()
      {


      }
   }
```

22. **Start**-metodia ei tässä yhteydessä tarvita. Sen voi poistaa. Lisätään koodin alkuun muutama **muuttuja**; *MoveSpeed* auton nopeus, *RotateSpeed* kääntymisnopeus sekä *_vInput* ja *_hInput* -muuttujat.

Metodi = aliohjelma, itsenäinen osa ohjelmaa. Voi olla esim. funktio, joka palauttaa arvon.

_vInput muuttujaan (verticalInput) luetaan näppäimistö ylä- ja alanuolten painallus sekä vaihtoehtoisesti **W** ja **S** näppäinten painallus. Siis pystysuora liike.

_hInput muuttujaan luetaan vastaavasti vaakasuora liike (horizontalInput) näppäimiltä **A** ja **D** tai vaihtoehtoisesti nuolinäppäimillä oikealle ja vasemmalle. Alaviiva _ muuttujien nimen edessä estää tässä muuten niin hyädyllisen Visual Studion automaattitäytön ja helpottaa koodaamista.

23. Editoi koodi seuraavanlaiseksi. Koodia voi poistaa useamman rivin kerralla, kun maalaa poistettavan tekstin hiirellä ja painaa Delete. **Rivi (lause) päätetään puolipisteeseen ;**

Lopussa esitetyt koodin selitykset kannattaa lukea huolella, koska objektin liikkumiseen tarvittavia toimintoja käytetään usein muissakin ohjelmissa.

```
using System.Collections;
using System.Collections.Generic;
using UnityEngine;
public class CarControl : MonoBehaviour
{
```

```
    public float MoveSpeed = 10f; // liikenopeus
    public float RotateSpeed = 75f; // kääntymisnopeus
    private float _vInput; // vertical input
    private float _hInput; // horizontal input

void Update()
  {
    _vInput = Input.GetAxis("Vertical") * MoveSpeed;
    _hInput = Input.GetAxis("Horizontal") * RotateSpeed;
    this.transform.Translate(Vector3.forward * _vInput * Time.deltaTime);
    this.transform.Rotate(Vector3.up * _hInput * Time.deltaTime);
    } // Update
  } // CarControl
```

KOODIN SELITYKSET:

- `using UnityEngine;` otetaan käyttöön Unityn komennot.

- `// horizontal input` kommentti ei vaikuta ohjelman toimintaan.

- `public class CarControl : MonoBehaviour`
  `{ }`
  ohjelma/luokka, nimi on sama kuin tiedoston nimi. Luokka "periytyy" Unityn
  MonoBehaviour-luokasta. MonoBehaviour-luokka on kaikkien C#-skriptien
  perusluokka. Luokka aloitetaan ja lopetetaan aaltosulkeilla.

- `public float MoveSpeed = 10f;` *public* -määreellä muuttuja "näkyy"
  luokan ulkopuolelle myös muille luokille/ohjelmille. *Float* asettaa muuttujan
  MoveSpeed desimaalilukutyyppiseksi ja sille asetetaan arvo *10f* (f tarkoittaa, että
  luku 10 on float-tyyppinen). *Public* -määreellä muuttuja näkyy Inspectorissa
  skriptin komponentissa, jossa sen arvoa voidaan muuttaa.

- `private float _vInput;` *private*-määreellä muuttuja on käytettävissä vain
  tässä luokassa.

- `void Update() {…}` Update-metodia kutsutaan/suoritetaan jokaisella pelin päivitystapahtuman (framen) yhteydessä. Aloitetaan ja lopetetaan kaarisulkeilla.

- `_vInput = Input.GetAxis("Vertical") * MoveSpeed;`

- `_hInput = Input.GetAxis("Horizontal") * RotateSpeed;`
  Input.GetAxis("Vertical") lukee parametrilla *"Vertical"* näppäinpainalluksia W ja S sekä nuoliylös- ja nuolialas-näppäimiä. Parametrilla *"Horizontal"* luetaan A ja D näppäimiä sekä nuoli oikealle ja vasemmalle. Näppäinpainallukset muutetaan lukuarvoiksi. Arvoja kerrotaan muuttujilla *MoveSpeed* ja *RotateSpeed*. Lopuksi arvo ja tallennetaan muuttujaan.

- `this.transform.Translate(Vector3.forward * _vInput * Time.deltaTime);`

- `this.transform.Rotate(Vector3.up * _hInput * Time.deltaTime);`
  this viittaa peliobjektiin, johon skripti on liitetty komponentiksi.
  Transform.Translate liikuttaa peliobjektia transform-komponetin **Position**-arvoja muuttamalla. *Vector3.forward* tarkoittaa z-suunnan arvoa ja se kerrotaan *_vInput* lukuarvolla. *Time.deltaTime* "tasoittaa" kahden peliframen välisen aikaeron.
  Rotate vaikuttaa transform-komponentin **Rotate** arvoihin. *Vector3.up* muuttaa kiertoa y-akselin suhteen.

24. Tallenna koodi Visual Studiossa näppäinyhdistelmällä **Ctrl + S**. Palaa takaisin avoinna olevaan Unityyn ja Racing Car -projektiin.

25. Valitse Hierarchy-ikkunasta (tai scenestä) Free Racing Car Blue Variant -peliobjekti. (Tai sen värinen kuin aiemmin lisäsit.)

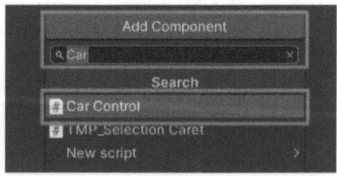

26. Klikkaa Inspectorissa **Add Component** -painiketta. Kirjoita suurennuslasikenttään *Car*, jolloin listassa näkyy *CarControl* -skripti. Lisää se komponentiksi.

27. Inspectorissa on nyt *Car Control -* skripti objektin komponettina. Voit säätää liikkumis- ja kääntymisnopeutta muuttamalla skriptin public-muuttujien *Move Speed* ja *Rotate* Speed arvoja.

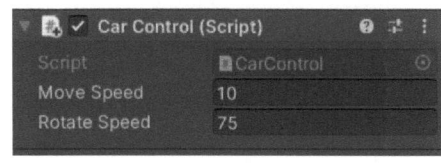

28. Tallenna scene (Ctrl+S) ja testaa **Play**-modessa. Muista sulkea Play-mode testaamisen jälkeen.

Auto liikkuu melko kömpelösti. Se esimerkiksi kääntyy paikallaan, mikä todellisuudessa aika harvalta autolta onnistuu. Lisäksi peliobjektissa ei ole renkaiden pyörimisanimaatioita. Tällaisten puutteiden korjaaminen edellyttäisi runsaasti lisää ohjelmoimista. Tässä vaiheessa tähän ei ryhdytä.

Viimeistellään harjoitus siten, että lisätään areenalle esim. pallo-objekteja (**Sphere**), joita autolla voi yrittää työntää pois areenalta. Myös kameran asetusta pitää muuttaa, jotta areena näkyy kokonaan sopivassa katselukulmassa.

29. Siirry **Game**-näkymään ja valitse Hierarchy-ikkunasta **Main Camera**.

30. Aseta **Main Camera** -objektin Inspectorissa Transformin **Position** (0, 15, -23); **Rotation** (30, 0, 0).

31. Lisää areenalle 3D-objekti Sphere **GameObject – 3D Object – Sphere.** Aseta Spheren Transform **Position** (0, 1, 5) ; **Scale** (2, 2, 2).

32. Testaa peliä **Play**-modessa ja yritä työntää palloa autolla. Pallo ei hievahdakaan. Palloon saadaan fysiikkaominaisuuksia lisäämällä siihen **Rigidbody**-komponentti. Sulje Play-mode.

33. Lisää Sphere-objektiin Rigidbody-komponetti. **Add Component ... Rigidbody.**

34. Testaa uudelleen Play-modessa ja nyt pallon pitäisi lähteä liikkeelle, kun auto törmää siihen. Tässä yhteydessä voit kokeilla muuttaa Rigibody-komponentin

massa- (Mass) ja kitka-arvoja (Drag).

Muista lopettaa **Play**-mode ensin aina, kun muutat asetuksia Inspectorissa. **Play**-modessa asetusten muutokset eivät tallennu.

35. Voit kopioida Sphere-objekteja areenalle klikkaamalla hiiren oikealla painikkeella Hierarchy-ikkunassa Sphere-objektin päällä ja valitsemalla pikavalikosta **Duplicate**. Siirrä kopioiden paikkaa areenalla.

36. Voit luoda Sphere-objekteille myös oman materiaalin ja liittää sen palloihin.

37. Tallenna scene vielä uudelleen muutosten jälkeen ja testaile Play-modessa.

LUKU 3: PELIMAAILMAN LUOMINEN, TERRAIN JA CHARACTER CONTROLLER

Tavoitteet:

- Opit muotoilemaan maiseman ja pelimaailman Terrain-työkaluilla.
- Opit lisäämään terrainiin tekstuureja, prefabeja ja meshejä.
- Opit lataamaan maisema-assetteja Asset Storesta.
- Opit lisäämään Character Controller -komponentin objektiin.

Hyvässä pelissä on visuaalisesti kiehtova pelikenttä tai maasto. Assets Storesta on mahdollista ladata valmiita pelikenttiä tai pelikentän voi luoda jollakin 3D-mallinnusohjelmalla, mutta usein omaan peliin halutaan luoda myös oma pelikenttä. Unityssa on **Terrain-työkalu**, jolla peliin voidaan maasto. Terrain-työkalulla voidaan muokata maastoon kukkuloita, vuoria, laaksoja, liikkumisreittejä ja polkuja. Maisemaan voidaan lisätä nurmikkoa, heinikkoa, kukkia ja puita.

Kuva27. Terrain-työkaluilla voidaan luoda pelikenttiä.

Terrainin lisääminen

Terrain on peliobjekti. Terrain lisätään sceneen
valitsemalla **GameObject – 3D Object – Terrain**.
Lisäämisen jälkeen Assets-kansiossa näkyy uuden
terrainin datakuvake. Uusi terrain näkyy scenessä
ruudukkopohjaisena, koska terrainissa ei ole
tekstuureja. Terrainin perusasetukset kannattaa
asettaa tarkoituksen mukaisiksi ennen tekstuurien ja
muiden yksityiskohtien lisäämistä. Myös maiseman
muotoilu on hyvä tehdä ennen yksityiskohtien
lisäämistä. Terrainin koon hahmottamista helpottaa,
kun sceneen lisätään jokin perusobjekti, esimerkiksi
Capsule. Jos Capsuleen lisää vielä esimerkiksi
punaisen materiaalin, niin se erottuu hyvin
terrainista.

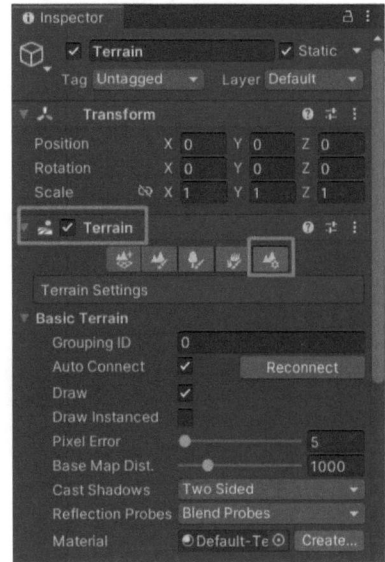

*Kuva 28. Terrainin asetuksia muutetaan
Inspectorissa Terrain-työkaluilla.*

Terrainin asetuksia muutetaan Inspectorissa, jossa terrain voidaan nimetä ja sen
Transformista löytyvät tutut parametrit **Position, Rotation** ja **Scale**. Oletuksena terrainin
Position on (0, 0, 0), jolloin oletuskameranäkymässä terrainin vasen kulma on origossa.
Terrainin kokoa **ei** muuteta Inspectorin Transformin Scale-arvoilla. Terrainin kokoa voi
muuttaa Terrain-tools ryhmän **Terrain Settings** -painikkeesta. Kameran Transformin
Position ja Rotate arvoja voidaan joutua säätämään, jotta terrain nähtäisiin kamerasta
sopivassa kulmassa, esimerkiksi yläviistosta.

Terrainin oletuskoko luonnin jälkeen on 1000 x 1000 yksikköä ja saattaa olla aluksi aivan
liian suuri hallittavaksi. Järkevämpi koko terrainin luonnin opettelussa on esimerkiksi 50 x
50, jolloin terrainin luominen nopeutuu. Terrainin kokoa muutetaan Terrain tools-ikkunan
Mesh Resolution-kentistä **Terrain Width** ja **Terrain Length**. Terrain **Heigth** -asetus määrää
suurimman erotuksen kentän matalimman ja korkeimman kohdan välille. Tässä
yhteydessä siihen ei tarvita muutoksia.

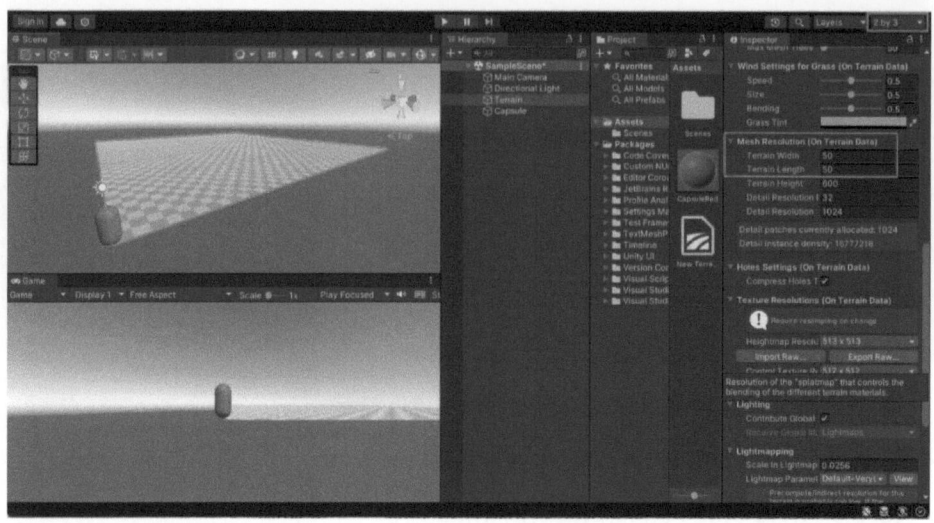

*Kuva 29. Kuvassa Unityn näkymä on vaihdettu Default-näkymästä **2by3** näkymään, jolloin nähdään samanaikaisesti sekä Scene- että Game-näkymä. Terrainin koko on muutettu 50 x 50 Mesh Resolution-asetuksista.*

Terrain-työkalut

Terrainin Inspectorissa on Transformin lisäksi Terrain-työkaluja, joilla terrainia voidaan laajentaa, muotoilla maastoa, maalata terrainiin tekstuureja (ruohoa, hiekkaa, puita, kiviä yms.) ja asettaa terrainin asetuksia.

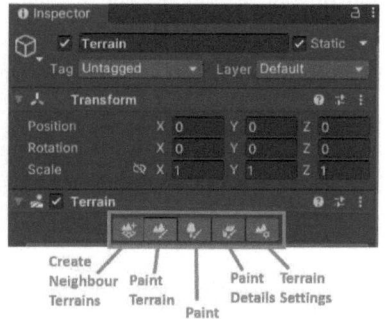

Kuva30. Terrain-tools.

Create Neighbor Terrains -painikkeesta terrainia voidaan laajentaa. Scenessä terrainin ympärillä näkyy ruutuja, joihin hiirellä klikkaamalla voidaan laajentaa naapuriterrainit.

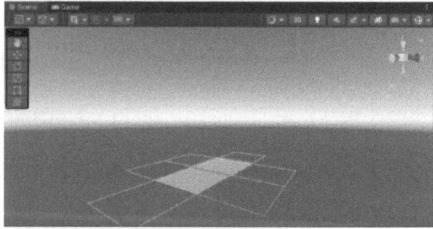

Kuva 31. Terrainin laajentaminen on mahdollista naapuriruutuihin.

Paint Terrain- painikkeessa on useita sivellintoimintoja, joilla voidaan maalata muotoja terrainiin.

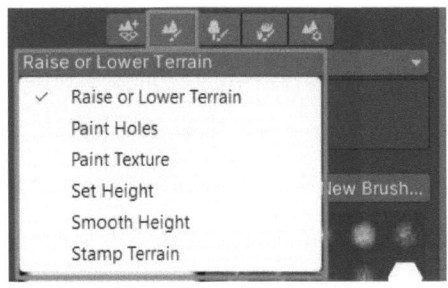

Raise or Lower Terrain: siveltimellä saadaan terrainiin korkeita ja matalia alueita. Paletista valitaan sopiva siveltimen muoto. Hiirellä maalaamalla terrainin pohjakuvio kohoaa. Vaihtonäppäin (**Shift**) pohjassa kuvio madaltuu.

Kuva 32. Paint Terrain-painikkeessa on useita eri sivellintoimintoja.

Paint Holes maalaa aukkoja terrainiin. Tällä saa tehtyä esimerkiksi luolan.

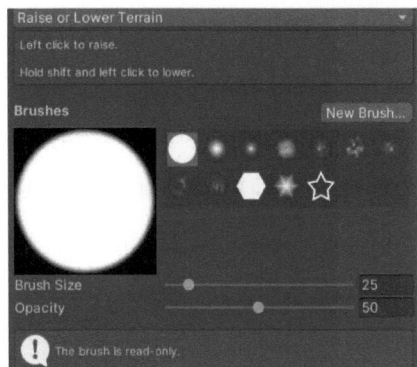

Paint Texture valinnalla voidaan terrainiin maalata tekstuuria. Tekstuurit pitää ensin lisätä **Edit Terrain Layers...** -painikkeesta **Create Layer**-valinnalla. Tekstuureja voi ladata esimerkiksi Asset Storesta tai niitä voi luoda kuvankäsittelyohjelmilla.

Kuva 33. Terrain-tools siveltimissä on valittavissa useita eri muotoja.

Set Height valinnalla terrainin alueita voi maalata asetettuun korkeuteen, jolloin korkeat alueet madaltuvat ja matalat alueet kohoavat asetettuun korkeusarvoon. Korkeus asetetaan Height -liukusäätimellä.

Smooth Height pehmentää terrainin korkeita reunoja.

Stamp Terrain valinnalla saadaan siveltimestä leimasin, joka luo yhdellä hiiren klikkauksella ennalta asetetun korkeuden alueelle. Korkeus voidaan asettaa pitämällä **Ctrl**-näppäin pohjassa ja hiiren rullapainiketta pyörittämällä. Korkeus voidaan asettaa myös Stamp Height liukusäätimestä.

Brush Size -liukusäätimellä säädetään siveltimen kokoa. **Opacity** -liukusäätimellä säädetään siveltimen voimakkuutta.

Paint Trees -painikkeella lisätään puita terrainiin. Puiden malleja ei Unityssa ole valmiina, joten näissäkin joudutaan turvautumaan **Asset Storen** malleihin. Kun puiden mallit on ladattu Asset Storesta Unityn assetteihin, voidaan puu lisätä **Edit Trees** -painikkeesta. Puiden lisääminen terrainiin tehdään maalaamalla samalla tavalla kuin muillakin työkaluilla.

Kuva 34. Paint Trees.

Inspectorin **Paint Trees** välilehdessä on useita asetuksia, jotka kannattaa säätää ennen puiden maalaamista. Settings-ryhmässä on **Brush Size**, jolla säädetään siveltimen kokoa. **Tree Density** säätää puiden tiheyttä. **Tree Height** asetus Randon tekee puista erikorkuisia. **Color Variation** säädöllä saadaan värisävyyn vaihtelua. Paint Trees -sivellin piirtää hiiren painike pohjassa ja poistaa, kun pidetään vaihtonäppäin (Shift) pohjassa ja maalataan.

Paint Details -painikkeella maalataan terrainiin yksityiskohtia, kuten kukkia, heinikkoa, kiviä yms. **Edit Details...**-painikkeesta avautuu valintaikkuna, josta voi säätää valitun yksityiskohdan asetuksia.

Terrain Settings: Hammaspyöräpainikkeesta aukeaa terrainin asetukset. Asetuksia on paljon, mutta käydään läpi muutama hyvin keskeinen asetus.

Basic Terrain -asetukset ovat oletusarvoisesti sopivat, eikä niitä juurikaan tarvitse muuttaa. **Base Map Dist.** on maksimietäisyys, jolla Unity näyttää terrainin tekstuurit täydellä resoluutiolla. Tämän etäisyyden jälkeen terrainin resoluutio pienenee.

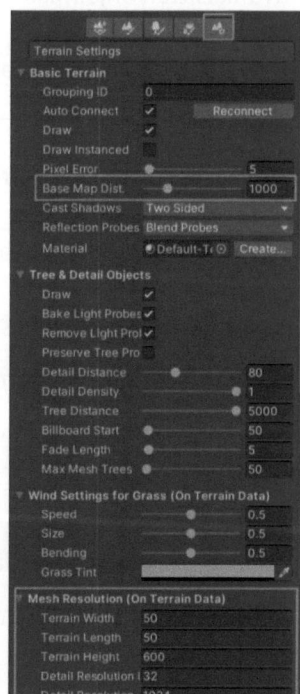

Tree & Detail Objects -asetukset vaikuttavat puiden, ruohon ja terrainiin lisättyjen yksityiskohtien esittämiseen. Draw on oltava valittuna, jotta puut, ruoho ja yksityiskohdat piirretään. **Detail Distance** -asetus on kohteen etäisyys kamerasta, jonka jälkeen kohteen yksityiskohtia ei toisteta.

Kuva 35. Terrain Settings

Wind Settings for Grass -asetuksilla määritetään ruohikkoa heiluttavan tuulisimulaation ominaisuuksia.

Mesh Resolution (On Terrain Data) -asetukset vaikuttavat terrainin kokoon. Mitat ovat Unityn mittayksiköissä, eli mtreinä.

Terrainin tekstuurit, ruoho, pensaat, puut

Terrain on muotoilun jälkeen edelleen pelkkä vaalealta hohtava objekti. Terrainiin tarvitaan tekstuureja, assetteja ja hahmoja, jotta pelimaailma näyttää visuaalisemmalta. Helpoiten tarvittavia assetteja saadaan Unityn Asset Storesta, jolloin joudutaan tyytymään saatavilla oleviin malleihin. Toinen vaihtoehto olisi tehdä itse assetit ja tekstuurit. Terrain-

> Tekstuuri = kuva, jota käytetään peliobjektin tai pinnan renderöinnissä. Tekstuuri asetetaan mallin pintaan. Tekstuureja voi luoda esimerkiksi Adobe PhotoShop-, Gimp- tai Blender -ohjelmilla.

tekstuureja voi tehdä kuvankäsittelyohjelmilla ja hahmoja 3D-ohjelmilla. Puiden tekemisessä voi käyttää esimerkiksi Unityn **Tree Creator** pakettia. Käytetään tässä kuitenkin Asset Storen valmiita paketteja.

Fantasy Landscape

Ladataan Asset Storesta seuraavaa harjoitustehtävää varten **Fantasy Landscape**. Paketti sisältää ruohotekstuureja, kukkia, kiviä, puita, sieniä ja polkutekstuurin. Paketin sisältö, versioyhteensopivuus ja arvostelut on hyvä tarkistaa ennen Asset Storesta lataamista.

Arvosteluissa on käyttäjien kokemuksia mm. paketin toimivuudesta, ongelmista ja myös positiivisia mainintoja.

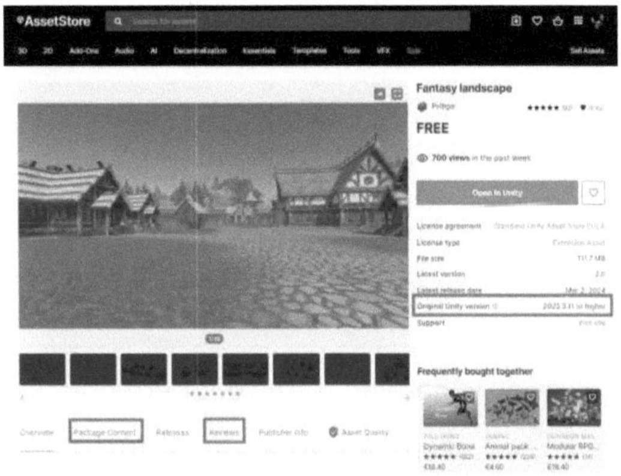

Kuva 36. Asset Storesta ladattavista paketeista on hyvä tarkistaa sisältö ja Unityn versio.

Lataa Fantasy Landscape-pakettl Unityyn seuraavasti:

45

1. Valitse **Window – Asset Store.**

2. Etsi **Asset Storesta** *"Fantasy Landscape* **-paketti.**

3. Valitse **Add to My Assets.**

4. Valitse **Open in Unity.**

5. Klikkaa **Download.**

6. **Import** ja **Import All.**

Latauksen jälkeen Asset-kansiossa pitäisi olla *FantasyEnvironments* -kansio. Kansio sisältää useita alikansioita, joissa on terrainissa käytettäviä malleja, tekstuureja ja prefabeja.

Terrainissa liikkuminen

Pelimaailma eli terrain luodaan virtuaalimaailmaksi, jossa pelaaja voi liikkua ja kokea erilaisia tapahtumia. Pelimaailmassa liikkumisen toteuttamiseen on useita eri mahdollisuuksia, joista tässä luetellaan kolme:

- **Transform-komponentti**:
  yksinkertainen ratkaisu, joka edellyttää hieman ohjelmointia. Harjoitustehtävässä 2 peliobjektia liikutettiin Transform-komponentin avulla.

> **Huom!** On suositeltavaa, että peliobjektin liikkumisen kontrollointiin ei samaan aikaan käytetä sekä Transform-komponentin ominaisuuksia ja Rigidbody-komponentin ominaisuuksia.

- **Rigidbody-komponentti**:
  Peliobjektin liikkumista ohjataan fysiikan lakeja simuloimalla ja koodaamalla peliobjektin Rigidbody-komponentin ominaisuuksia.

- **Character Controller -komponentti** tai **FPS-Controller-komponentti**:
  Nämä Unityn valmiit komponentit nopeuttavat pelimaailmassa protoilua, koska koodaus vähenee.

Protoiluvaiheessa liikutettava pelihahmo voi olla vaikkapa 3D-kapseli (Capsule) ja sen voi pelin kehittyessä vaihtaa animoituun pelihahmoon.

Character controller-komponentti

Unityn **Character Controller** on yksinkertainen
kapselin muotoisen törmäystunnistuksen (Collider)
sisältävä komponentti. Sen avulla peliobjekti
saadaan liikkumaan, hyppäämään, liukumaan
kaltevaa tasoa pitkin ja kävelemään portaissa.

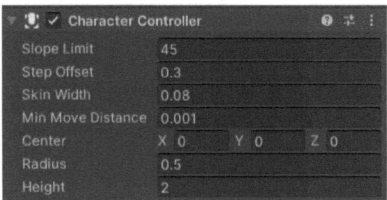

Kuva 37. Character Controllerin asetukset.

Character Controller -komponentti lisätään
peliobjektiin Inspectorissa klikkaamalla **Add Component** ja kirjoittamalla kenttään
Character Controller. Komponentin ominaisuuksia muutetaan komponentin kenttiin.
Ominaisuuksien selitykset ovat seuraavassa taulukossa.

Ominaisuus	Selitys
Slope Limit	Objekti (collider) voi kiivetä korkeintaan tämän asteisia kaltevia tasoja.
Step Offset	Objekti maksimi porrasnousun arvo. Arvo ei saa olla suurempi kuin Character Controllerin Height-arvo.
Skin width	Kaksi objektia voi mennä sisäkkäin tämän arvon syvyydellä. Suuri Skin Width -arvo vähentää värinäilmiötä. Pieni Skin Width -arvo voi aiheuttaa objektien juuttumisen. Suositeltava asetus on 10 % Capsule Colliderin säteestä (Radius -arvosta).
Min Move Distance	Objektin pienin liikkumismatka. Suositeltava arvo on 0.
Center	Siirtää Capsule Collider törmäystunnistimen sijaintia suhteessa maailman koordinaatistoon.
Radius	Capsule Colliderin säteen arvo.
Height	Capsule Colliderin korkeus.

Unityn CharacterController -komponentin toiminnoilla saadaan objekti liikkumaan varsin
helposti. Tällöin ei kuitenkaan voida käyttää Rigidbodyn tarjoamia fysiikoita, eikä objekti
tunnista fysiikan lakien mukaisia simuloituja voimia. Törmäykset toisiin objekteihin

tunnistetaan Capsule Colliderin avulla. Character Controllerin etuihin ja puutteisiin perehdytään tarkemmin tässä teoksessa kohdassa *Objektien fysiikat ja liikuttaminen*.

Harjoitustehtävä 3. Pelimaailman luonti ja testihahmon liike

Luodaan pelimaailma Terrain-työkaluilla. Lisätään terrainiin tekstuureja, ruohoa, puita, kiviä ja kukkia. Lisätään pelimaailmaan testiobjekti, joka voi liikkua pelimaailmassa. **Muista tallentaa scene tasaisin väliajoin työn edetessä** (Ctrl + S).

1. Aloita uusi 3D-projekti ja nimeä se esimerkiksi *Wonderland* -nimiseksi.

2. Lataa Unity Asset Storesta **Fantasy Landscape** -paketti. Ohjeet esitettiin edellä.

3. Luo uusi Terrain-objekti, **GameObject – 3D Object – Terrain**.

4. Valitse Terrain Hierarchysta ja klikkaa **Terrain Settings** -painiketta.

5. Aseta Inspectorin **Mesh Resolution** -ryhmästä **Terrain Width** ja **Terrain Length** arvoiksi **500**. Nämä mitat ovat Unity-yksiköitä ja vastaavat metrejä.

6. Lisää sceneen capsule, jotta terrainin mittasuhteet on helpompi havaita. Valitse **GameObject – 3D Object – Capsule**. Muuta capsulen nimeksi *Player*.

7. Aseta *Player*-objektin **Position** (100, 1, 40). Näin se saadaan asetettua terrainiin. Saat zoomattua näkymän Player-objektiin valitsemalla sen Hierarchy-ikkunasta, siirrä hiiren osoitin scene-ikkunaan ja paina F-näppäintä.

8. Aseta Main Cameran Transformin arvot: **Position** (100, 7, 30), **Rotation** (20, 0, 0). Näin saat kameran *Player*-objektin taakse z-suunnassa. Voit tarkistaa näkymän **Game**-ikkunassa.

9. Siirrä Hierarchy-ikkunassa
    Main Camera-objekti Player-
    objektin lapsiobjektiksi
    vetämällä se Player-objektin
    päälle. Muuta Main Cameran
    nimeksi **Player Camera**. Nyt
    kamera seuraa Player-
    objektia.

> **Huom**! Kameran lisääminen
> lapsiobjektiksi Player-objektiin
> **ei** ole hyvä tapa. Esimerkiksi, jos
> Player-objekti tuhoutuu, niin
> kamerakin tuhoutuu mukana.
> Mutta tässä kohtaa Player-
> objektia käytetään vain
> terrainin testaamiseen.

10. Lisää Player-objektiin **CharacterController** -komponentti. **Add
    Component – Character Controller.**

    a. Lisää Player-objektiin **C#-skripti**. Klikkaa **Add Component – New
        Script** ja nimeä koodi **PlayerMove.**

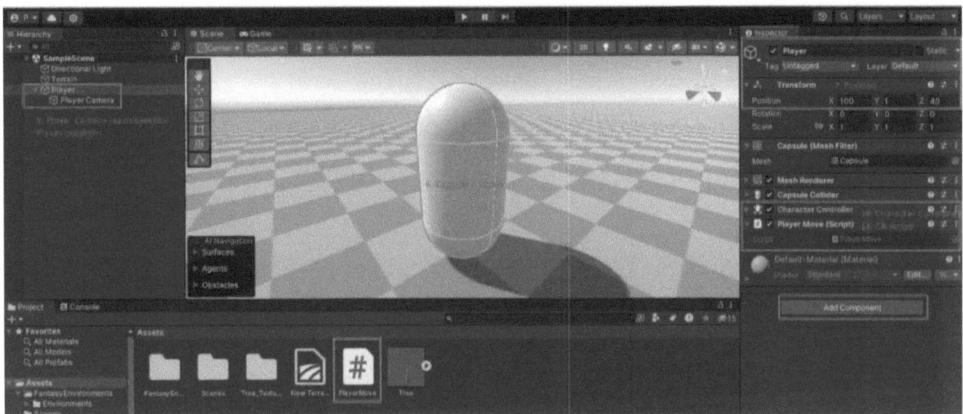

Voit halutessasi luoda ja liittää Player-objektiin jonkin materiaalin, jolloin se erottuu
paremmin terrainista.

11. Avaa **PlayerMove**-skripti **Visual Studioon** Assets-kansioista
    tuplaklikkamalla kuvaketta ja koodaa oheinen skripti.

```
public class PlayerMove : MonoBehaviour
{
  private CharacterController controller;
  public float speed = 5f;
  public float rotSpeed = 2f;
  public float jumpSpeed = 6f;
  private readonly float gravity = 9.81f;
  private float verticalSpeed;

  private void Start()
  {  //luodaan viittaus CharacterController-komponenttiin
    controller = GetComponent<CharacterController>();
  }

  void Update()
  {
    if (controller.isGrounded) verticalSpeed = 0f;
    else verticalSpeed -= gravity * Time.deltaTime;
    Vector3 fallMove = new(0, verticalSpeed, 0);

    if (Input.GetButton("Jump") && controller.isGrounded) verticalSpeed =
jumpSpeed;

    Vector3 move = transform.forward * Input.GetAxis("Vertical");
    controller.Move(speed * Time.deltaTime * move + fallMove *
Time.deltaTime);
      transform.Rotate(0, Input.GetAxis("Horizontal") * rotSpeed, 0);
  }
}
```

Tässä skriptissä **speed**-muuttuja määrittelee objektin nopeuden, **rotSpeed**
kääntymisnopeuden ja **jumpSpeed** hyppynopeuden. Public määreellä esitellyt muuttujien
arvot voidaan asettaa skriptin **Inspectorin** kentissä. **Start**-funktiossa luodaan viittaus
objektin Character Controller -komponenttiin. **Update**-funktiossa luetaan
välilyöntinäppäintä ("**Jump**"). Jos välilyöntiä on painettu ja objekti on 'maassa'

(**controller.isGrounded**), niin nopeus ylöspäin asetetaan arvoon **jumpSpeed**.

Näppäimistön nuolinäppäimistä ja WASD-näppäimistä saadaan horisontaaliset

("**Horizontal**") ja vertikaaliset ("**Vertical**") arvot. Näillä kontrolloidaan objektin liikettä x- ja

z-suunnissa. Lopuksi **Move**- ja **Rotate**-funktioilla liikutetaan objektia.

12. Aseta Inspectorissa skriptin kenttiin oheisen kuvan mukaiset arvot.

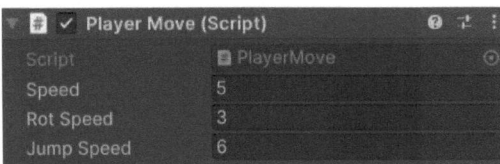

13. Tallenna skripti (Ctrl+S) ja siirry Unityyn. Testaa koodin toiminta käynnistämällä **Play**-mode. Nyt Player-objektin pitäisi liikkua nuolinäppäimillä ja WASD-näppäimillä. Hyppy tapahtuu välilyönnillä. Sulje Play-mode.

Seuraavaksi muotoillaan terrainiin kukkuloita, vuoria ja jyrkänteitä. Tavallisesti terrainin ja pelimaailman suunnittelu tehdään ensin vaikkapa kynällä piirtämällä. Yleinen tapa on, että pelimaailmasta piirretään useampiakin kuvia esimerkiksi kuvankäsittelyohjelmilla. Tehdään nyt kuitenkin maisema Terrain-työkaluilla ilman valmista suunnitelmaa.

14. Valitse Hierarchysta tai scenestä Terrain-objekti.

15. Asettele terrain zoomaamalla ja kääntelemällä näkymää siten, että näet koko terrainin. Työskentelyä voi sujuvoittaa valitsemalla **Layout**-alasvetovalikosta **Wide**.

16. Valitse **Paint Terrain** -painike ja valitse **Raise or Lower Terrain** -työkalu. Maalaa terrainin reuna-alueille kukkuloita. Kokeile erilaisia sivellinprofiileja. Kokeile **Brush Size**- ja **Opacity** -liukusäätimiä. (Shift)-näppäintä pohjassa samalla kun maalaat, niin kukkulat madaltuvat. Reunusta terrain vuoristolla. Tee kukkuloita myös terrainin keskialueille.

17. Valitse alasvetovalikosta **Set Height** -työkalu. Valitse tasareunainen pyöreä sivellin. Aseta Set Height Controls ryhmästä **Height** arvoksi 0.2.

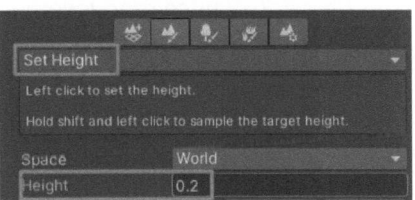

18. Maalaa terrainin reunustavan vuorijonon sisäreuna tasaisen korkeaksi,
jotta pelihahmo ei pääse ulos pelialueelta ja putoa avaruuteen.

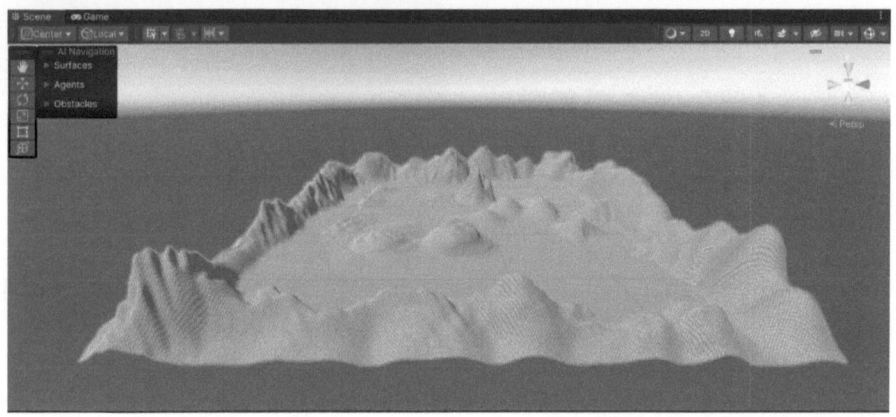

19. Lisätään seuraavaksi terrainiin tekstuuria. Valitse alasvetovalikosta **Paint
Texture**.

20. *Fantasy Landscape* paketti sisältää muutamia käyttökelpoisia tekstuureja,
esimerkiksi *grass* ja *road*. Tällä hetkellä valittavissa ei ole yhtään
tekstuuria, joten Terrain Layers-ryhmästä valitse **Edit Terrain Layers...**.
Valitse *grass* -tekstuuri. Koko terrain 'päällystetään, grass-tekstuurilla.
Tekstuuri näyttää melko louhikkoiselta.

21. Lisää vielä samalla tavalla *road* -tekstuuri Terrain Layers -valikoimaan.

22. Voit tässä vaiheessa lisätä valkoisen
tekstuurin, jolla saadaan vuoren
rinteisiin huipulle lunta. Terrain
Layers -valikoimassa on nyt tarvittavia tekstuureja.

23. Valitse *road*-layer ja maalaa polkuja maisemaan. Aseta siveltimen koko
sopivaksi, jotta polusta ei tule liian leveää. (Brush Size = 15, Brush
Strength = 1) (Ks. mallikuva alla)

24. Vuorten huipuille voit lisätä lunta valitsemalla paletista valkoisen tekstuurin. Valitettavasti *Fantasy Landscape*-paketti sisältää niukasti erilaisia maastotekstuureja, mutta halutessasi voit ladata Asset Storesta lisää tekstuureja tai luoda niitä itse kuvankäsittelyohjelmalla.

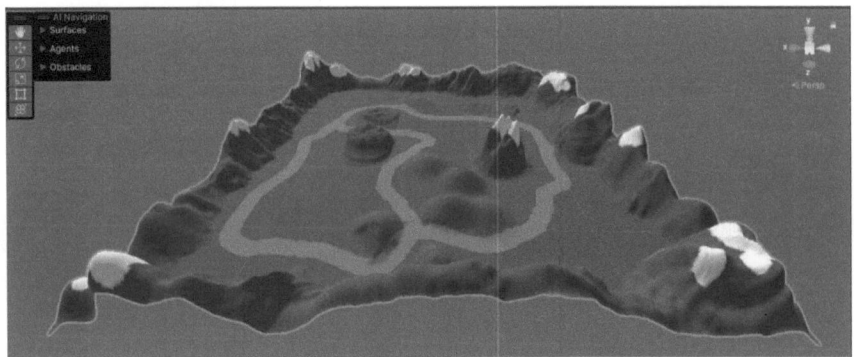

25. Polku näyttää olevan samalla tasolla ruohikon kanssa, joten tehdään ruohikolle reunus pudottamalla polkua alaspäin. Valitse alasvetovalikosta **Raise or Lower Terrain**. Aseta siveltimen koko ja voimakkuus Brush Size = 15, Brush Strength = 1. Pidä vaihtonäppäin **(shift)** alaspainettuna ja maalaa polku uudelleen. Polku asettuu alemmaksi ruohikkoon nähden.

26. Lisätään seuraavaksi terrainiin puita. Valitse **Paint Trees - Edit Trees - Add Tree.**

27. **Add Tree** -ikkunassa klikkaa pientä ympyrää **Tree Prefab** - kentän oikeassa reunassa. Valitse **Select GameObject** - ikkunasta haluamasi puu prefab (prefabeista puhutaan myöhemmin), esimerkiksi Birch_tree1 ja klikkaa **Add**.

28. Lisää samalla tavalla muutkin kolme puuta Trees-valikoimaan

29. Aseta Settings -valinnat sopiviksi. **Brush Size** määrittää maalattavan alan, johon puita lisätään. **Tree Density** määrää lisättävien puiden määrään maalattavalle alueelle. **Tree Height Random** -säädöllä saat asetettua puiden korkeuden vaihteluvälin. Random -säädöstä voit säätää molempia päitä hiirellä vetämällä. Vaihto (Shift) -näppäin pohjassa maalaamalla saat poistettua puita.

30. Tallenna scene välillä (**Ctrl+S**) ja testaa klikkaamalla **Play**. Kun liikut terrainissa, niin huomaat, että lähestyttäessä puita ne ikään kuin heräävät eloon. Tämä johtuu siitä, että Unity esittää puu-prefabin tietyllä etäisyydellä 2D-kuvana (billboard). Lähestyttäessä puuta se vaihtuukin 3D-meshiksi. Tällä näyttötavalla säästetään koneen tehoa. Ilmiö on asetettavissa vähemmän häiritseväksi asetuksista ja lisäämällä esimerkiksi sumua terrainiin.

31. Klikkaa **Terrain Settings** (hammasratas) ja **Tree & Details** -ryhmästä aseta Billboard **Start** arvo 1000. Tämä vaihtaa 2D-billboardin 3D-meshiksi riittävän kaukana, eikä häiritsevää muunnosta esiinny näytöllä.

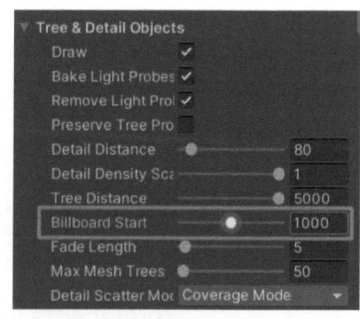

32. Sumuefektin voit lisätä valitsemalla **Window – Rendering – Lighting**. **Environments**-välilehdestä löytyy **Other Settings**. Aseta **Fog** valintaruutu ja **Density**-arvo esimerkiksi 0.003.

33. Lisätään terrainiin vielä heinikkoa, kukkia ja sieniä. ja kiviä. Valitse **Paint Details** - työkalu. Klikkaa **Edit Details** -painiketta ja valitse **Add Detail Mesh**. Lisää Details - valikoimaan haluamasi meshit ja maalaa niitä terrainiin sopiva määrä.

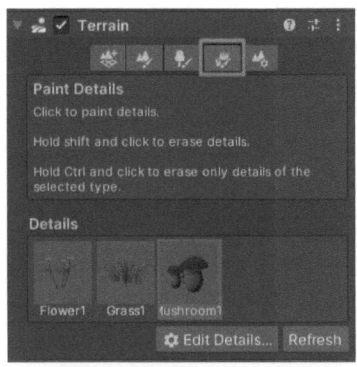

34. Lisää kiviä (Rock1) sceneen prefabeina raahaamalla niitä hiirellä **Assets – FantasyEnvironments – Environments – Prefabs** -kansiosta scene-ikkunaan. Tällöin Player ei voi kulkea niiden läpi. Upota kivia Move-työkalulla maan sisään, jotta kivet eivät jää leijumaan ilmaan.

35. Ruohikko ja kukat saadaan heilumaan tuulessa, kun avaat **Edit Detail Mesh**-valintaikkunan tuplaklikkaamalla kasvin kuvaketta **Details**-ryhmässä. **Render Mode** -kohdassa valitse **Grass** ja poistavalintaruksi **Use GPU Instancing**.

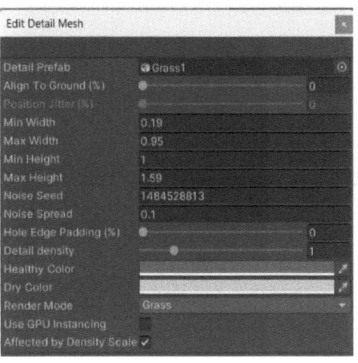

Edit Detail Mesh -ikkunassa voit myös muuttaa Healthy Color ja Dry Color -väriasetuksia, jolloin saat säädettyä esimerkiksi ruohikon värien toistoa paremmaksi. Toista samat säädöt kukkameshille.

36. Heinikon ja kukkien taipumista tuulessa voit säätää **Terrain Settings** - valintaikkunassa kohdasta **Wind Settings for Grass (On Terrain Data)**.

Säätöjä voit tehdä Play-näkymässä, jolloin näet asetuksien vaikutukset.

37. Puut saadaan heilumaan lisäämällä tuuliefekti eli Wind Zone -objekti.

Valitse **GameObject – 3D Object – Wind Zone**. Inspectorin Wind Zone -

komponentissa on säädöt

turbulenssille, pulssin suuruudelle ja

taajuudelle.

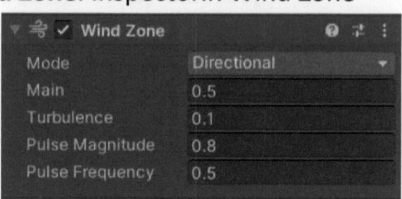

38. **WindZone** saa puut heilumaan vasta,

kun muutetaan puuprefabin **Bend Factor** -

arvoja. Avaa Terrainin Inspectorissa

Trees-ryhmästä puuprefabi

tuplaklikkaamalla ja muuta **Edit Tree** -

valintaikkunassa **Bend Factor** arvoon **1**.

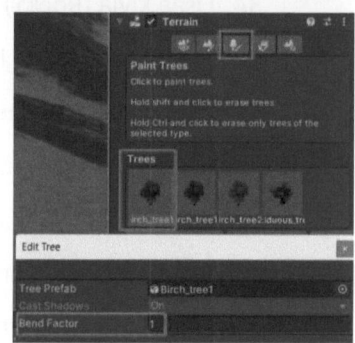

39. Muuta tarvittaessa Player-objektin

sijaintia siten, että se on terrainin yläpuolella.

40. Tallenna scene (Ctrl+S) ja testaa

näkymä klikkaamalla Play.

Tätä terrainia voit käyttää voit myöhemmin

peliprojektissa, joten tallenna se mahdollista

jatkokäyttöä varten.

Huom! Voit liikkua (FPS)
pelimaailmassa myös
Flythrough-toiminnolla
pitämällä hiiren oikea
painike pohjassa ja
liikkumalla WASD-
näppäimillä.

Tavoitteet:

- Opit C#-ohjelmoinnin perusteet:
  - muuttujat, muuttujien käsittely ohjelmassa
  - ehtolause if, silmukat for ja while,
  - metodit ja funktiot.
- Ymmärrät ohjelmoinnin peruskäsitteet: muuttujan määrittely, muuttujan arvo, tietotyypit ja kontrollirakenteet.

Koodaamista tarvitaan kaikissa peliprojekteissa. Unityssa C#-skripteillä voidaan peliin toteuttaa erilaisia toimintoja ja tapahtumia. Yleisesti voidaan sanoa, että minkä tahansa ohjelmointikielen hallinta on hyödyllistä, koska useimmat ohjelmointikielet muistuttavat toisiaan niin kieliopin, syntaksin kuin rakenteidenkin osalta. Ohjelmoinnilliset käsitteet **muuttujat**, **funktiot** (metodit) ja **luokat** ovat kaikissa ohjelmointikielissä keskeisessä asemassa. Kaikkien tietokonepelien toiminta perustuu näihin kolmeen asiaan. Jotta ymmärtäisimme paremmin jo tehtyjä ja myös tulevia skriptejä, niin selvitetään C#-ohjelmoinnin perusteita tarkemmin.

C#-skripti liitetään objektiin komponenttina

C#-skripti luodaan Unityssa valitsemalla Project-ikkunan **+** -valikosta **C# Script** tai klikkaamalla hiiren oikealla painikkeella **Assets**-kansiossa ja valitsemalla **Create – C# Script**. On tärkeää, että **skripti nimetään heti luonnin jälkeen** halutulla nimellä, muuten luokan nimi skriptissä tulee erilaiseksi kuin tiedoston nimi. Näin ollen skripti ei linkity Unityyn. Seurauksena on virheilmoitus, eikä ohjelma toimi Unityssä.

Suositeltava tapa on luoda Asset-kansioon skriptejä varten oma kansio esimerkiksi

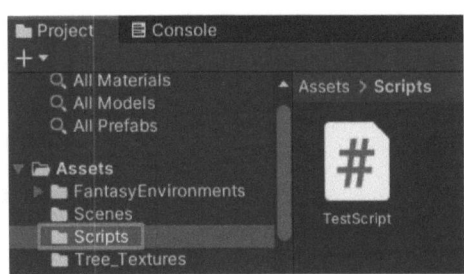

Kuva 38. C#-skriptejä varten on hyvä luoda oma kansio Assets-kansioon.

nimellä **Scripts**. Työskentelyä helpottaa, kun kaikki skriptit tallennetaan tähän kansioon.

Skripti liitetään aina **komponentiksi** peliobjektiin. Liittämisen voi tehdä usealla eri tavalla. Skriptikuvakkeen voi vetää hiirellä **Hierachy**-ikkunaan objektin päälle tai scenessä näkyvän objektin päälle. Skriptikuvakkeen voi vetää myös objektin **Inspectoriin** tyhjään kohtaan. Lisäämisen voi tehdä myös objektin Inspectorissa klikkaamalla **Add Component** - painiketta ja kirjoittamalla kenttään liitettävän skriptin nimen. Jos scriptiä ei ole, niin kirjoitetaan kenttään Scripts ja annetaan skriptille nimi.

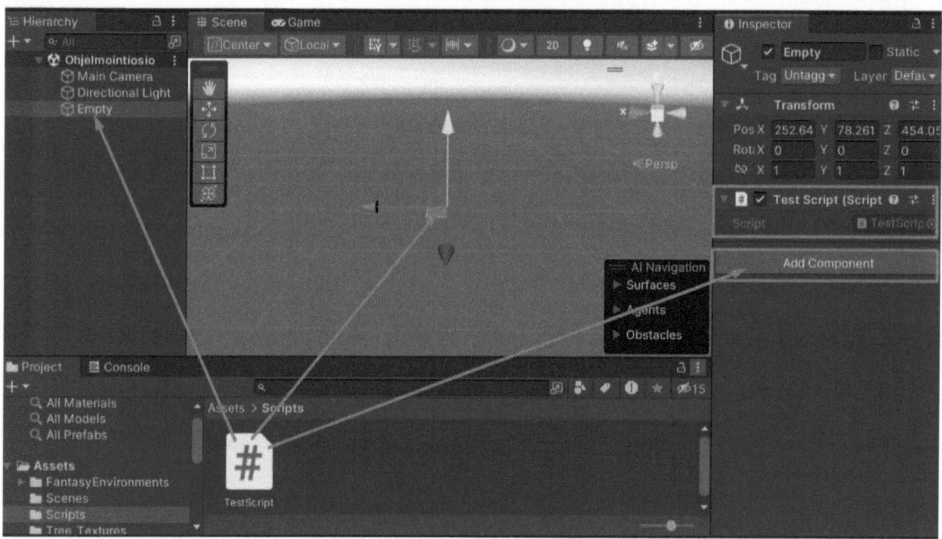

Kuva 39. Skripti voidaan lisätä objektin komponentiksi kolmella eri tavalla.

C#-skriptiä editoidaan Visual Studiossa

Oletuseditorina Unityssa on asennuksessa valittu Microsoft Visual Studio. C#-skripti voidaan avata Visual Studioon seuraavilla tavoilla:

- Tuplaklikkaamalla skriptin tiedostokuvaketta **Assets(-Scripts)** -kansiossa.

- Valitsemalla skriptikuvake **Project**-ikkunan Assets-kansiosta ja klikkaamalla **Inspectorissa Open**-painiketta.

Inspectorissa näkyy myös skriptin koodisisältö, mutta editoida sitä ei voida tässä näkymässä. Luo koodaustestailua varten uusi scene (**File – New Scene**) tai uusi Unity 3D-projekti ja nimeä se *Ohjelmointiosio* -nimiseksi. Lisää sceneen tyhjä (empty) peliobjekti valitsemalla **GameObject – Create Empty** ja nimeä se "**Empty**" -nimiseksi. Luo uusi **C#-**skripti ja nimeä se *TestScript*-nimiseksi. Liitä *TestScript* komponentiksi emptyyn vetämällä hiirellä TestScript-kuvake Emptyn Inspectoriin. *TestScript*-tiedosto avataan **Visual Studioon** tuplaklikkaamalla.

C#-skriptin rakenne

Kirjoitushetkellä saatavilla on **Visual Studion versio 2022**. Tärkein osa Visual Studio -ohjelmasta on editori-ikkuna, johon koodi kirjoitetaan. Editorissa on automaattitäyttö, joka vaatii hieman totuttelua. Automaattitäyttö ehdottaa kirjoitettavaa komentoa ja luokkia kirjoituksen aikana. Oikean komennon voi valita nuolinäppäimillä ja hyväksyä välilyönnillä tai enter-näppäimellä.

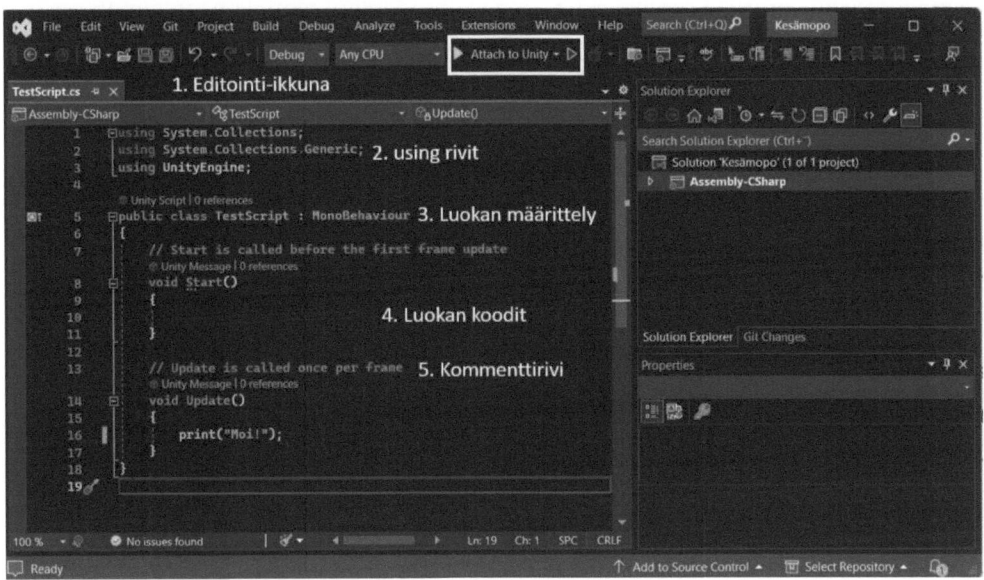

Kuva 40. Visual Studio -ohjelmaikkuna.

Visual Stdio lisää editoriin (1) valmista koodia. Unity-liitoksen myötä editorissa on käytettävissä Unityssa tarvittavia komentoja ja ohjelmaluokkia. Peruskoodi jaetaan kolmeen osaan: using-rivit (2), luokan määrittely (3) ja luokan koodit (4).

(2) using-rivit: Ensimmäisenä skriptissä on using-rivit, joilla listataan ohjelmassa käyttöön otettavat ohjelmakirjastot. Ohjelmakirjastoilla saadaan laajennettua ohjelman toimintaa. Unitya käytettäessä mukaan linkittyy automaattisesti **UnityEngine**-kirjasto. Näitä rivejä ei ole syytä muuttaa.

(3) luokan määrittely: Luokka eli **class** on olio-ohjelmoinnin keskeisimpiä käsitteitä. Luokkaa voidaan lähestyä kolmesta näkökulmasta.

1. Käsitteellisesti se sisältää yhteen asiaan liitettyä tietoa ja kuvausta sekä ratkaisut näiden tietojen käsittelystä. Luokat voivat vaihtaa tietoa keskenään.

2. Teknisesti luokka on tietorakenne, joka sisältää muuttujia ja metodeja (funktioita).

3. Käytännössä luokka on suunnitelma, miten luokasta luotu objekti (instanssi) ratkaisee sille annetun tehtävän.

Luokka määritellään varatulla sanalla **class**, jota seuraa luokan nimi. Luokan nimen on oltava sama kuin tiedoston tallennusnimi. Tässä nimeksi annettiin **TestScript**. Määrittelyn alussa oleva varattu sana **public** tekee luokasta julkisen, jolloin siinä olevia toimintoja voidaan kutsua myös muista luokista (ohjelmista).

Periytyminen: Luokka voi periytyä jostakin toisesta luokasta. Tämä ilmaistaan kaksoispisteellä : Kaksoispisteen jälkeen ilmoitetaan yläluokan nimi, josta luokka periytyy. Unityssa kaikki luokat periytyvät **MonoBehaviour**-luokasta. Luokan määrittelyssä rivi *public class TestScript : MonoBehaviour* tarkoittaa, että julkinen luokka TestScript periytyy Unityn MonoBehaviour-luokasta. Luokan määrittelyn jälkeen on oltava aloittava aaltosulku { , jolle vastaava sulkeva pari } löytyy luokan lopusta viimeiseltä riviltä. Aaltosulkeiden tai toisenkin puuttuminen tuottaa virheilmoituksen. **Visual Studio** tuottaa sulkuparit automaattisesti.

> **Metodi** = on nimetty { } aaltosulkeiden sisään kirjoitettu ohjelmalohko, joka suorittaa tietyn toiminnon ja voi vastaanottaa tietoa parametreina sekä palauttaa tuloksia tarvittaessa.

(4) Luokan koodit: Luokan sisään koodataan asetuslauseita, metodeja, funktioita yms. Unity luo oletuksena sisällöksi kaksi metodia **Start** ja **Update**. Metodeita käsitellään tarkemmin myöhemmin.

(5) Kommentit: C#-ohjelmointikielessä on kolme erityyppistä kommenttia. Kommentit eivät vaikuta koodin suorittamiseen, mutta ne ovat tärkeitä koodia luettaessa ja

päivitettäessä. Kommenttiin voi kirjoittaa, mitä algoritmin on tarkoitus tehdä.
Kommenteissa voi selvittää muuttujien käyttötarkoitusta, jos niitä ei voida suoraan
koodin rakenteesta päätellä. Kommenttityypit ovat **yhden rivin** kommentti, **usean rivin**
kommentti ja **XML-kommentti**. XML-kommenteilla saadaan koodista luotua erillinen
dokumentaatiotiedosto. Kommentit voidaan kirjoittaa mihin tahansa kohtaan koodia,
mutta ei kuitenkaan lauseen keskelle. Usein skriptin alussa on usean rivin kommentti,
jossa esitetään koodin versio, luontipäivämäärä, koodaaja ja versio sekä mahdollinen
päivityspäivämäärä. Alla esimerkki kommenteista.

```csharp
using System.Collections;
using System.Collections.Generic;
using UnityEngine;
/// <summary>
/// Tämä on XML-kommentti, jossa erilaisilla XML-tageilla
/// voidaan saada aikaan erilaisia korostuksia
/// </summary>
public class TestScript : MonoBehaviour
{
    // Tämä on yhden rivin kommentti
    void Start()
    {
        // näiden sulkeiden väliin kirjoitetaan Start-funktion koodit
        print("Tämä tulostuu konsoliin");
    } // Start loppuu

    /* Tässä on usean rivin
     * kommentti, joka kirjoitetaan etukenon ja asteriski-merkien
     * väliin. */
    void Update()
    {
        // Aaltosulkeilla sidotaan itsenäinen ohjelmalohko
    } // Update loppuu
} // class loppuu
```

Aaltosulkeet, kaarisulkeet, kulmasulkeet, hakasulkeet

C#-ohjelmoinnissa käytetään erilaisia sulkeita eri tilanteissa. Vääränlaiset sulkeet aiheuttavat ohjelmassa virheen. Selvitetään eri sulkeiden käyttötarkoitus.

- { }: Aaltosulkeita (curly braces) käytetään koodin lohkojen, kuten luokkien (class), metodien, ehto- ja toistolauseiden (if, while, for) määrittelemiseen.

- [ ]: Hakasulkeita (square brackets) käytetään pääasiassa taulukko- ja listarakenteiden esittämiseen ja niihin viittamiseen.

- < >: Kulmasulkeita (angle brackets) käytetään koodissa yleensä komponenttiin viittaamiseen.

- ( ): Kaarisulkeita (parentheses) käytetään funktioissa ja metodeissa sekä niiden kutsuissa kutsuissa **parametrien** ja **argumenttien** luetteloissa. Kaarisulkeita käytetään myös ehtolauseissa ja matemaattisissa lauseissa laskujärjestyksen määräämisessä.

Oheisessa esimerkissä on esitetty sulkeiden käyttöä C#-koodissa. Esimerkkikoodi tulostaa konsoliin tekstin *"Game Started"*.

```csharp
using UnityEngine;
public class ExampleScript : MonoBehaviour
{
// [SerializeField] muuttuja näkyy Unityn Inspectorissa.
    [SerializeField]
    private int health = 100;
    // Taulukko, joka on alustettu aaltosulkeilla.
    private int[] scores = { 10, 20, 30 };
    void Start()
    {
        // Funktiokutsu kaarisulkeilla
        Debug.Log("Game Started");

        // Ehtolause kaarisulkeilla ja koodilohko aaltosulkeilla
        if (health < 50)
        {
            Debug.Log("Health is low!");
        }
    }
    void Update()
    {
        // Indeksointi hakasulkeilla.
        int firstScore = scores[0];
    }
}
```

Muuttujat, muuttujan perustyyppi

Peliohjelmassa suoritetaan eri operaatioita: lisätään tai vähennetään pisteitä, asetetaan pelihahmon paikka, suoritetaan laskutoimituksia, tarkistetaan tapahtumia jne. Näiden operaatioiden suorittamisessa tarvitaan **muuttujia** (variables). Muuttujiin tallennetaan operaatioissa tarvittavia arvoja ja tallennettuja arvoja voidaan käyttää pelin tilan muuttamisessa.

Muuttujia käytetään tallentamaan tietoa tietokoneen muistiin. Muuttujalle on annettava yksilöllinen **nimi**, jota voidaan käyttää muuttujan arvon sijasta. Muuttujia on kahta tyyppiä; perustyyppisiä ja viittaustyyppisiä eli oliotyyppisiä. **Perustyyppisiä** muuttujia ovat:

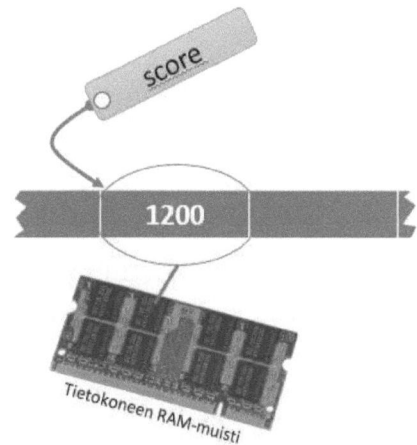

- **int**, lyhenne sanasta integer, **kokonaislukutyyppi**, arvot voivat olla negatiivisia tai positiivisia.

- **float**, floating point number, **desimaalilukutyyppi**, Unityssa oletustyyppi luvuille, esitetään f-kirjaimen kanssa, esimerkiksi **1.45f**, desimaalierottimena käytetään pistettä.

Kuva 41. Muuttujan arvo tallentuu tietokoneen RAM-muistiin. Muuttujan nimi viittaa muuttujan arvoon.

- **double**, suuren tarkkuuden desimaalilukuja, käyttää suuremman muistitilan kuin float.

- **bool**, Boolean **totuusarvoinen** tyyppi, kaksi mahdollista arvoa *true* tai *false*.

- **char**, character, **merkkityyppi**, joka tallentaa yhden merkin, kirjoitetaan puolilainausmerkkien väliin, esimerkiksi *'A'*.

- **string**, **merkkijonotyyppi**, sisältää yhden tai useampia merkkejä, kirjoitetaan kokolainausmerkkien väliin, esimerkiksi *"omena"*.

Viittaustyyppiset muuttujat ovat viittauksia oliotyyppiseen tietoon. **Olio** sisältää tyypillisesti useita erilaisia tietoja. Esimerkiksi Unityn pelihahmo on olio ja sisältää monia erityyppisiä tietoja. Olioita ovat myös taulukot ja listat. Oliomuuttujan nimi ei suoraan

63

sisällä muistipaikassa olevaa muuttujan arvoa, vaan nimi on viittaus tietojen sijaintiin muistissa.

Muuttujan tyyppi, nimeäminen ja arvon asetus

Kaikki muuttujat ovat jotain **tyyppiä**, joko perustyyppiä tai viittaustyyppiä. Tyyppi on kirjoitettava muuttujan esittelyssä ennen muuttujan nimeä. Esittelyn jälkeen muuttujan nimen eteen ei tyyppiä kirjoiteta. Muuttujalle voidaan antaa sen tyyppiä vastaava arvo **asetuslauseella** joko esittelyn yhteydessä tai myöhemmin ohjelman suorituksen aikana. Arvon asetus tehdään **asetusoperaattorilla =**. Asetuslause päättyy **puolipisteeseen**, kuten kaikki lauseet paitsi kootut lauseet (for, while, if)). Muuttujan esittelyssä on seuraavat vaiheet:

- kirjoita ensimmäiseksi muuttujaan tallennettavan tiedon tyyppi, esim. *float*

- nimeä muuttuja yksilöllisellä kuvaavalla nimellä, esim. *distance*

- jos muuttujalle asetetaan arvo, sen on oltava määritettyä tyyppiä, esim. *100.5f ;*

- asetuslause päätetään puolipisteeseen.

  float distance = 100.5f ;

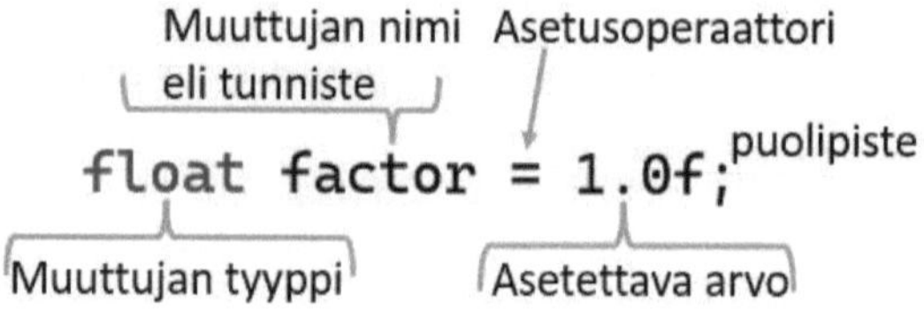

Muuttujan nimi   Asetusoperaattori
eli tunniste

$$\text{float factor = 1.0f;}^{\text{puolipiste}}$$

Muuttujan tyyppi   Asetettava arvo

Ohessa muutama esimerkki muuttujan esittelyistä ja asetuslauseista. Muuttujien

Kuva 42. Asetuslauseen syntaksi eli kieliopillinen rakenne.

arvoa voidaan muuttaa ohjelmassa sen suorituksen aikana. Tällöin vanha arvo häviää.

```
int score;
float factor = 1.0f; // esittely ja asetus
bool canShoot = true;
string message = "Starting";
score = 0; // asetuslause
canShoot = false;  // asetetaan muuttujalle uusi arvo
```

Asetus on mahdollista vain samantyyppisten arvojen asetuksessa. Tosin tässä on tiettyjä poikkeuksia. Esimerkiksi double ja float-tyyppeihin voidaan asettaa kokonaislukutyyppejä int. Toisin päin sijoitus ei ole mahdollista.

```
double d = 3.0f;
int i = 2;
d = i; // int sijoitetaan doubleen on OK, d:n tyyppi edelleen double
i = d; // mutta tästä tulee virhe!
```

Muuttujan nimeämissäännöt

Muuttujan nimeämisessä on C#-ohjelmointikielessä noudatettava seuraavia sääntöjä:

- Nimi saa sisältää aakkosmerkkejä, numeroita ja alaviivan.

- Erikoismerkit eivät ole sallittuja (& # %...).

- Ensimmäisen merkin tulee olla kirjain tai alaviiva.

- Isot ja pienet kirjaimet ovat eri merkkejä. Esim. *score* ja *Score* ovat eri muuttujia.

- Muuttujan nimi ei saa olla **varattu sana**. Varatut sanat ovat tarkoitettuja ohjelmointikielen esittämiseen. (C#-kielen varatut sanat: *https://docs.microsoft.com/en-us/dotnet/csharp/language-reference/keywords/*)

Kelvollisia muuttujanimiä ovat esimerkiksi *score, _exitdoor, your_Name, versionNumber*. Epäkelpoja olisivat seuraavat: *help zone* (välilyöntiä ei saa olla), *10level* (ei saa alkaa numerolla), *stop#go* (ei erikoismerkkejä).

> C#:ssa käytetään usein **camelCase**-tyyliä, jossa sanan ensimmäinen kirjain kirjoitetaan pienellä alkukirjaimella ja seuraavien sanojen ensimmäiset kirjaimet isolla alkukirjaimella. Esimerkiksi:
>
> ```
> int numberOfStudents;
> string firstName;
> bool isLoggedIn;
> ```

Muuttujan näkyvyys

Muuttujan näkyvyys määrää, missä ohjelman osassa muuttuja on käytettävissä. Pääsääntö on, että muuttuja on käytettävissä siinä ohjelmalohkossa, missä se on luotu ja myös lohkon sisällä olevissa lohkoissa.

Ohjelmalohko on aaltosulkuparin välissä oleva ohjelman osa. Esimerkiksi **if**-lohkon sisällä esitelty muuttuja ei 'näy' lohkon ulkopuolelle. Se on käytettävissä vain if-lohkon sisällä.

Ohjelman alussa esitellään **globaalit muuttujat**, jotka näkyvät kaikille ohjelman lohkoille. Lokaali- eli **paikallinen muuttuja** näkyy vain siinä lohkossa, jossa se on esitelty. Jos yrittää käyttää lokaalia muuttujaa jossakin toisessa ohjelmalohkossa, on seurauksena virhe. Muuttujien näkyvyyttä voi tutkia oheisella **TestScript**-koodilla. Skripti tulee liittää komponentiksi esimerkiksi **Empty**-objektiin. Muuttujien arvot tulostuvat Unityn Console -ikkunaan.

```
using UnityEngine;
public class TestScript : MonoBehaviour
{
    int globalVar = 10; //globaali muuttuja
    void TestFunction()
    {
        int localVar = 500; // paikallinen muuttuja
        print("globaalimuuttuja: " + globalVar);
        print("TestFunction paikallinen muuttuja: " + localVar);
    } // TestFunction
    void Update()
    {
        int localVar = 1000; // paikallinen muuttuja
        print("globaalimuuttuja: " + globalVar);
        print("Update paikallinen muuttuja: " + localVar);
        TestFunction(); // kutsuu TestFunction -metodia jokaiselle
framella
    } //Update
} //class
```

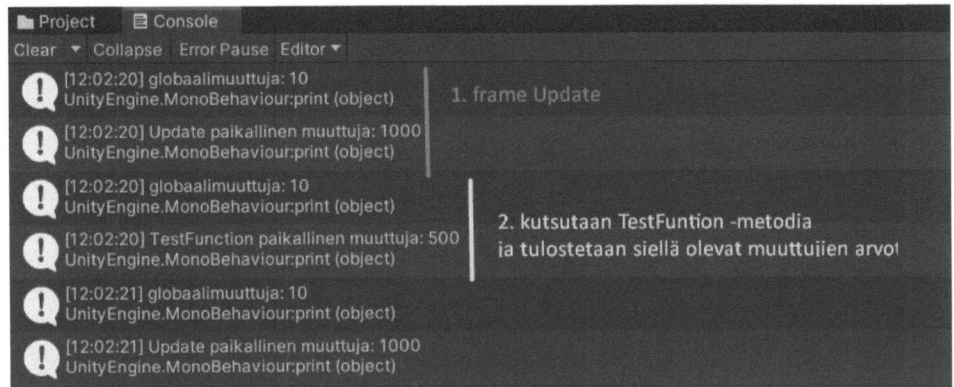

Kuva 43. TestScript -ohjelma tulostaa Unityn Console-ikkunaan.

Näkyvyysmääreet public ja private

Muuttujan esittelyn alussa voi olla varattu sana **public** tai **private.** Ne ovat

näkyvyysmääreitä. Näitä määreitä käytetään esiteltäessä muuttujia luokan kaikille

lohkoille ja aliohjelmille. Private määreellä esitelty muuttuja on käytettävissä vain siinä

tiedostossa (luokassa), jossa se on esitelty. Sitä ei voida käyttää eikä muuttaa sen arvoa

luokan ulkopuolelta.

Public määreellä esitelty muuttuja on käytettävissä muissa luokissa ja arvo muutettavissa

myös muista luokista. Public-määreellä esitelty muuttuja tulee näkyviin Unityn

Inspectorissa, josta käsin sen arvo on muutettavissa. Jos näkyvyysmäärettä ei ole

kirjoitettu muuttujalle, niin oletusarvoisesti muuttujalla on **private** näkyvyysmääre.

Aritmeettiset operaattorit

Aritmeettisilla operaattoreilla suoritetaan aritmeettisia laskuoperaatioita. Alla on

listattuna aritmeettiset operaattorit selityksineen ja esimerkein:

operaattori	toiminto
+	lisäysoperaattori lisää kaksi tai useampia lukuja. Merkkijonot yhdistetään, esim. 1 + 2 tuottaa 3, "Hei" + "Maailma" tuottaa "HeiMaailma".

-	vähennysoperaattori, vähentää vasemmanpuoleisesta luvusta oikeanpuoleisen. Ei toimi merkkijonoilla. Esim. 10 – 2 tuottaa 8
*	kertolaskuoperaattori, esim. 3 * 4 tuottaa 12
/	jakolaskuoperaattori, esim. 6 / 3 tuottaa 2
%	modulus eli jakojäännösoperaattori 5 % 4 tuottaa 1

Aritmeettisten operaattoreiden suoritusjärjestys on sama kuin koulumatematiikassa. Ensin kerto- ja jakolaskut sitten yhteen- ja vähennyslaskut. Sulkeilla voidaan suoritusjärjestystä muuttaa. Esimerkiksi lauseke **5 * 6 - 20** tuottaa 10, mutta **5 * (6 – 20)** tuottaa –70.

Asetusoperaattoriin voidaan yhdistää **aritmeettinen** operaattori, jolloin saadaan nämä kaksi operaatiota yhdistettyä yhteen lauseeseen. **Yhdistetyt operaattorit** ovat:

yhdistetty operaattori	toiminto
+= , -=, *= , /=	suorittaa aritmeettisen operaation oikeanpuoleisessa lausekkeessa annetulla arvolla ja muuttaa vasemmanpuoleiseen muuttujan arvon, esimerkiksi **a += 10;** lisää ensin a-muuttujaan arvon 10 ja sijoitetaan muuttunut arvo a:n uudeksi arvoksi
++, --	lisäys ++ lisää yhdellä ja vähennys -- vähentää muuttujan arvoa yhdellä, esimerkiksi **b++;** lisää b:n arvoa yhdellä

Koodataan vielä suppea esimerkki muuttujista, aritmeettisista operaattoreista ja niiden arvojen tulostamisesta konsoliin. Tämän esimerkin voi koodata TestScript-skriptiin aiemman esimerkin tilalle. Kun tämä skripti liitetään Unityn peliobjektiin, **Start()**-funktio suoritetaan automaattisesti pelin käynnistyessä, ja muuttujien arvot tulostetaan Unityn konsoliin Debug.Log()-funktiolla.

```csharp
using UnityEngine;
public class TestScript : MonoBehaviour
{
// esitellään kaksi muuttujaa
    private int var1;

    private float var2;

    private float summa, erotus, tulo, osam;

    void Start()
    {
        // Asetetaan muuttujien alkuarvot, voisi asettaa esittelyssäkin
        var1 = 5;

        var2 = 2.7f;

        // Tulostetaan arvot konsoliin
        Debug.Log("var1: " + var1);

        Debug.Log("var2: " + var2);
// suoritetaan aritmeettisia operaatioita, asetuslauseet peräkkäin tilan
//säästämiseksi
        summa = var1 + var2; erotus = var1 - var2;
        tulo = var1 * var2;   osam = var1 / var2;


// Tulostetaan muuttujien arvot konsoliin, myös print-komento mahdollinen
        Debug.Log("summa: " + summa );

        Debug.Log("erotus: " + erotus );

        Debug.Log("tulo: " + tulo);

        Debug.Log("osamäärä: " + osam);

    }
}
```

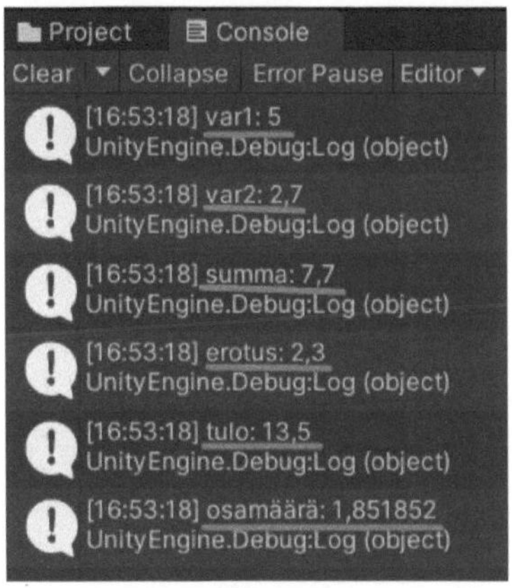

Kuva 44. Aritmeettisten operaatioiden tuloksia.

Vertailuoperaattorin tulos on *true* tai *false*

Vertailuoperaattoreilla vertaillaan kahden muuttujan tai lausekkeen arvoja. Vertailun

tulos on totuusarvo (boolean), aina joko **true** tai **false**, eli tosi tai epätosi. Seuraavassa

taulukossa vertailuoperaattorit esimerkkeineen:

operaattori	toiminto
==	**yhtäsuuruus**, älä sekoita asetusoperaattoriin, 5 == 5 tuottaa true, 1 == 2 tuottaa false.
< , >	**pienempi kuin**, **suurempi kuin**, 5 > 4 tuottaa false, 10 < 11 tuottaa true.
<= , >=	**pienempi tai yhtä suuri**, **suurempi tai yhtä suuri**, 5 >= 5 tuottaa true, 0 <= 1 myös true.
!=	**erisuuri kuin**, 10 != 10 tuottaa false, 3 != 4 tuottaa true.

Seuraavassa ohjelmassa vertaillaan kahta kokonaislukutyyppistä (int) muuttujaa ja tulostetaan vertailun totuusarvot konsoliin.

```
using UnityEngine;
public class TestScript : MonoBehaviour
{
    void Start() {
        int a = 5;
        int b = 10;
    // Vertailuoperaattorien käyttö, tulos on True / False
        bool isEqual = (a == b);
        bool isNotEqual = (a != b);
        bool isGreaterThan = (a > b);
        bool isLessThan = (a < b);
        bool isGreaterOrEqual = (a >= b);
        bool isLessOrEqual = (a <= b);

// Tulostetaan tulokset konsoliin
        Debug.Log("yhtäsuuret: " + isEqual);
        Debug.Log("erisuuret: " + isNotEqual);
        Debug.Log("a > b: " + isGreaterThan);
        Debug.Log("a < b: " + isLessThan);
        Debug.Log("a >= b: " + isGreaterOrEqual);
        Debug.Log("a <= b: " + isLessOrEqual);
    }
}
```

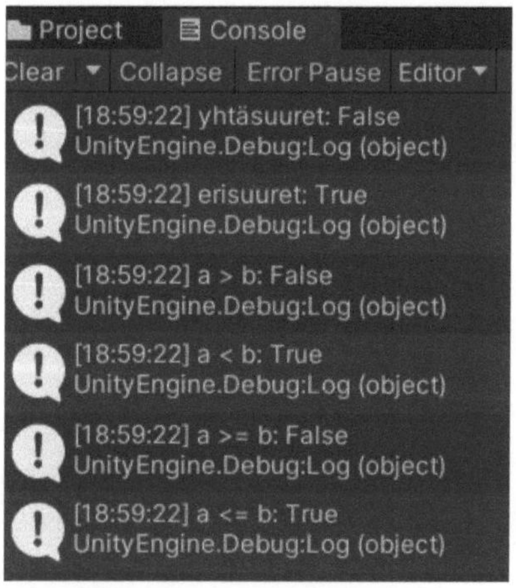

Kuva 45. Vertailuoperaattoreiden tuloksia.

Loogisen operaattorin tulos on *true* tai *false*

Loogisilla operaattoreilla && (AND), **||** (OR) ja **!** (NOT) yhdistetään totuusarvoja.

Vertailun tulos saadaan **Boolen** totuustaulun mukaisesti. Loogiset operaattorit ovat

seuraavat:

operaattori	toiminto
&&	looginen **AND** eli JA-operaatio, jos kaksi tai useampia totuusarvoja ovat true on tulos true. Esimerkiksi loogisen vertailulausekkeen (1 > 0) && (10 == 10) on true, koska molemmat puolet ovat true.
||	looginen **OR** eli TAI-operaatio, jos jokin vertailulausekkeen arvoista on **true** tai kaikki ovat **true**, on koko lausekkkeen arvo **true**. Esimerkiksi (1 != 2) || (3 == 4) on true.
!	looginen **NOT** eli EI-operaatio kääntää totuusarvon vastakkaiseksi. **!true** on **false** ja **!false** on **true**.

Oheisessa ohjelmaesimerkissä on kaksi totuusarvoista muuttujaa *ehtoA* ja *ehtoB*.

Ohjelmassa tulostetaan loogisten operaatioiden tulokset.

```
using UnityEngine;
public class TestScript : MonoBehaviour
{
  void Start()
  {
    bool ehtoA = true;
    bool ehtoB = false;
    // Loogisten operaattorien käyttö
    bool andResult = ehtoA && ehtoB;
    bool orResult = ehtoA || ehtoB;
    bool notResult = !ehtoA;
    // Tulostetaan tulokset konsoliin
    Debug.Log("AND-tulos: " + andResult);
    Debug.Log("OR-tulos: " + orResult);
    Debug.Log("NOT-tulos: " + notResult);
  }
}
```

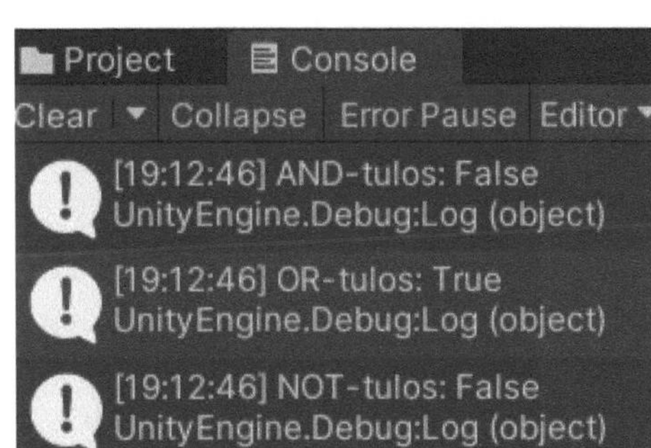

Kuva 46. Loogisten operaattoreiden tuloksia.

Ohjelma saadaan haarautumaan if-lauseilla

Ohjelma saadaan if-lauseella haarautumaan ja suorittamaan eri ohjelmalohkoja vertailun tulosten perusteella. Tarvittavat vertailut suoritetaan vertailuoperaattoreilla. If-lauseeseen voidaan liittää vaihtoehtoisia etenemistapoja **else**- ja **else if**-lauseilla

If–lauseessa on ensimmäisenä varattu sana if. Seuraavaksi kaarisulkeisiin kirjoitetaan vertailulauseke eli totuustesti. Jos testin totuusarvo on **true**, suoritetaan if-lohkon aaltosulkeissa olevat lauseet. Jos totuustestin arvo on **false**, ohitetaan if-lohkon lauseet ja ohjelman suoritus jatkuu lopettavan aaltosulkeen jälkeisestä kohdasta.. Tosin poikkeuksena on tilanne, jossa if-lauseen lohkoon kirjoitetaan vain yksi lause. Tällöin aaltosulkeet voi jättää pois. If-lauseen syntaksi eli kieliopin mukainen kirjoitusasu on:

```
if (totuusarvo)
{
    //suoritettavat lauseet
    // kirjoitetaan aaltosulkeiden sisään
}
```

Else–lauseella saadaan ehtolauseeseen vaihtoehtoinen suoritusreitti.. Else-haara suoritetaan vain, jos if-lauseen ehto on **false**. Kussakin tilanteessa suoritetaan siis aina joko if-haara tai else-haara, mutta ei molempia. Else-haarassa ei suoriteta totuustestiä. If-else-lauseen syntaksi on seuraava:

```
if (totuusarvo)
{
    //suoritettavat lauseet
    // jos totuusarvo on true
}
else
{
    //suoritettavat lauseet
    // jos totuusarvo on false
}
```

Else if – lauseella saadaan ketjutettua useita eri totuustestejä peräkkäin. Peräkkäisistä If-else if -haaroista suoritetaan se, jonka totuustesti on true ja kaikki muut haarat ohitetaan. Else if-ketjun viimeiseksi voi lisätä else-haaran, joka suoritetaan siinä tapauksessa, ettei if-haaran tai minkään else if-haaran totuustesti ollut *true*.

Seuraavassa yksinkertaisessa ohjelmaesimerkissä esitetään if – else if – else –rakenne. Ohjelmassa on yksi kokonaislukumuuttuja **number**, jonka arvo on 5. Ensimmäisessä if-lauseessa tarkistetaan, onko luku < 0. Jos ehto on tosi, tulostetaan "*Luku on negatiivinen*". Muussa tapauksessa ohjelma siirtyy seuraavaan else if -lohkoon. Toisessa else if -lohkossa tarkistetaan, onko luku == 0. Jos ehto on tosi, tulostetaan "*Luku on nolla*". Muussa tapauksessa siirrytään viimeiseen else -lohkoon. Viimeisessä else -lohkossa ei ole erillistä ehtoa, joten se suoritetaan, jos mikään aiemmista ehdoista ei ole tosi. Tässä tapauksessa tulostetaan "*Luku on positiivinen*".

```
public class TestScript : MonoBehaviour
{
    private int number = 5;
    private void Start()
    {
        if (number < 0)
        {
            Debug.Log("Luku on negatiivinen.");
        } //if
        else if (number == 0)
        {
            Debug.Log("Luku on nolla.");
        } //if else
        else
        {
            Debug.Log("Luku on positiivinen.");
        } //else
    } //Start
} //class
```

Harjoitustehtävä 4A. Muuttuja, ehtolause

1. Aloita uusi Unity-projekti (3D) tai luo uusi scene. Nimeä projekti tai scene **Kooditestit** -nimiseksi.

2. Lisää sceneen uusi tyhjä peliobjekti, **GameObject – Empty.**

3. Luo uusi **C#-skripti** nimellä **TimeTest** ja liitä se Empty-objektiin.

4. Avaa TimeTest -skripti VisualStudioon.

5. Koodaa oheinen skripti.

```csharp
public class TimeTest : MonoBehaviour
{
// asetetaan muuttujille tyyppi ja alkuarvo
private int loopLaskuri = 0;
private int loopNyt = 10;
public int lopetusKohta = 100;
private float aloitusAika;
void Start()
{
 aloitusAika = Time.time; // aloitusaika
 print("Aloitusaika " + aloitusAika);
} //Start
void FixedUpdate()
{
 loopLaskuri++; // kasvatetaan x:n arvoa yhdellä

 if (loopLaskuri < loopNyt)
 {
 print("loopLaskuri on"+loopLaskuri+"aikaa kulunut"+(Time.time -
aloitusAika));
 } //if
 else if (loopLaskuri < lopetusKohta)
 {
  print("loopLaskuri on "+loopLaskuri + "aikaa kulunut"+(Time.time -
aloitusAika));
 } //else if
```

```
  else
  {
    print("update-kierrokset täynnä!");
    print("loopLaskuri on"+loopLaskuri+"aikaa kulunut"+(Time.time -
aloitusAika)+" sekuntia");
    enabled = false; // tämä lopettaa FixedUpdate-funktion suorittamisen
  } //else
  } // FixedUpdate
} //class
```

6. Tallenna skripti.

7. Palaa takaisin Unityyn ja suorita ohjelma
   klikkaamalla **Play**.

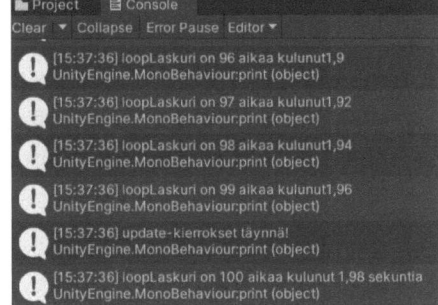

8. Avaa Unityn Console-ikkuna, niin näet
   sekunteina, kuinka monta sekuntia sadan
   FixedUpdate()-kutsukierroksen suorittaminen kestää.

9. Voit muuttaa **public z**-muuttujan arvoa Inspectorissa TimeTest-komponentin Z-
   kentässä.

10. Voit verrata vastaavaa aikaa suorittamalla testin **Update()** -funktiolla.

11. Tutki if- ja else if -lohkojen suoritusehtoja. Mitä ohjelmassa tapahtuu, jos muutat
    ehdot seuraaviksi? **if (x == y)**.... ja **else if (x == z).**

12. Console-ikkunan suoritukset voi tyhjentää klikkaamalla Console-ikkunan **Clear**-
    painiketta.

13. Miten saisit FixedUpdate-luupissa kasvatettua muuttujan x arvoa luvulla 2?
    Lyheneekö suoritusaika puoleen?

14. Millä keinoilla saisit kasvatettua suoritusaikaa esimerkiksi kolminkertaiseksi?

Toistolauseilla tehoa ohjelmointiin

Peräkkäisillä komennoilla ohjelmoimalla joidenkin tehtävien ratkaiseminen on erittäin työlästä ja hidasta, jopa mahdotonta. Tällaisia tehtäviä on esimerkiksi peliobjektien (olioiden) lisääminen listaan ja näiden objektien tietojen päivittäminen listassa.

Yksinkertainen esimerkki toistorakenteen tehokkuudesta on lukujonojen käsittely, esimerkiksi lukujen 1-100 yhteen laskeminen. Peräkkäisillä operaatioilla tämä olisi työläs koodattava. Esimerkiksi for-toistolla tämä onnistuu parilla koodirivillä. Käsitellään tässä yhteydessä kaksi perustoistorakennetta; **for**- ja **while**-silmukat.

Update- ja **FixedUpdate** -metodit ovat myös silmukoita. **Update**-metodi suoritetaan jokaisen framen aikana uudelleen ja uudelleen. Sitä käytetään usein pelilogiikan päivittämiseen, kuten pelaajan liikuttamiseen, törmäystarkistuksiin, syötteiden käsittelyyn jne. Update-metodi suoritetaan usein 60 kertaa sekunnissa (60 fps).

FixedUpdate-metodi suoritetaan kiinteän ajan välein. Sitä käytetään pelin fysiikkatapahtumien päivittämiseen, kuten liike, törmäysten käsittely jne. FixedUpdate-metodia suositellaan käytettäväksi fysiikkatoimintoihin, koska se takaa tasavälisen päivityksen riippumatta tietokoneen ominaisuuksista.

For-silmukka

For-silmukan määrittelylauseessa on ns. **silmukkalaskuri**, jonka avulla silmukan toistokertoja saadaan kontrolloitua. Silmukassa toistettavat lauseet sidotaan aaltosulkeilla omaksi lohkoksi. For-lauseen silmukkalaskuri on voimassa vain silmukan suorituksen ajan. Silmukan suorituksen päätyttyä, silmukkamuuttujan varaama muistitila vapautetaan. For-lauseen syntaksi on:

```
for (laskurin alustus; silmukkaehto; laskurin kasvatus)
    {
        // silmukassa toistettavat
        // lauseet
    } //for
```

For-lause aloitetaan varatulla sanalla **for**, jonka jälkeen kaarisulkeisiin kirjoitetaan kolme lauseketta. Ensimmäinen lauseke on **silmukkalaskurin alustus**, esimerkiksi **int i = 1;** Silmukkalaskuri on kokonaislukutyyppiä int ja siten alkuarvokin on integer-tyyppiä.

Toinen lauseke sulkeissa on **silmukkaehto**. Se on vertailuoperaattorin sisältävä totuusarvoinen lauseke. Jos vertailun arvo on tosi eli True, jatketaan silmukan toistamista. Jos arvo on epätosi eli False, ohitetaan silmukkalohko ja suoritus jatkuu jälkimmäisen aaltosulkeen perästä.

Kolmas sulkeiden sisään kirjoitettava lauseke on laskurin kasvatus. Kolmannen lauseen perään **ei** kirjoiteta puolipistettä. Laskuria voidaan joko kasvattaa tai vähentää tarkoituksen mukaisella tavalla, jotta silmukan lopetusehto joskus saavutetaan. Jos silmukkaehto ei koskaan saavuta arvoa False, on tuloksena **ikuinen silmukka**, joka johtaa ohjelman virheelliseen toimintaan.

Yhdistämällä for-silmukkarakenteeseen if-valintalauseita, saadaan hyvinkin monipuolisia rakenteita. Seuraavassa ohjelmaesimerkissä for-silmukassa lasketaan kokonaislukujen 1-100 summa. Sen jälkeen if – else if –rakenteella lasketaan parillisten ja parittomien lukujen summat vastaavasta lukualueesta. Voit pohtia etukäteen, kumpi on suurempi, parillisten vai parittomien lukujen summa kokonaislukujonosta 1-100. Voit koodata ohjelman TestScript-ohjelmaan vanhan tilalle ja testailla ohjelmaa.

```
public class TestScript : MonoBehaviour
{
    int summa = 0; // kaikkien kokonaislukujen 1-100 summa
    int parSumma = 0; // parillisten summa
    int ptonSumma = 0; //parittomien summa

    void Start()
    {
        for (int i = 1; i <= 100; i++)
        {
            summa = summa + i;
            if (i % 2 == 0) parSumma = parSumma + i;
            else ptonSumma = ptonSumma + i;
```

```
        } //for
        print("Kaikkien summa "+summa);
        print("Parillisten summa "+parSumma);
        print("Parittomien summa "+ptonSumma);
    } //Start
} //class
```

Luvun parillisuus saadaan testattua if-lauseen ehdolla (**i % 2 == 0**), jossa testataan jakojäännös jaettaessa luvulla kaksi. Parillisilla luvuilla jakojäännös luvulla 2 jaettaessa on nolla. Else-haarassa saadaan laskettua vastaavasti parittomien lukujen summa.

Pelkästään parillisten lukujen summa saataisiin for-silmukassa laskettua myös `for (int i = 0; i <= 100; i+=2)`, jossa silmukkalaskuri aloittaa nollasta ja kasvaa aina kahdella.

While-silmukka

While-silmukassa lopetusehdon kasvattamisesta tai vähentämisestä tulee huolehtia erikseen silmukan lohkossa. Muutoin seurauksena on ikuinen silmukka, joka ei pääty koskaan.

While-lauseen syntaksi on:

```
while (totuustesti)
    {
      // silmukkalohkon lauseet
        silmukkalaskurin muutos
    } //while
```

While-lause aloitetaan varatulla sanalla **while**. Sen jälkeen kaarisulkeisiin kirjoitetaan silmukan totuusarvoinen **vertailulauseke**, jonka mukaan silmukan toistaminen joko lopetetaan tai sen suorittamista jatketaan. Aaltosulkeisiin kirjoitettua ohjelmalohkoa toistetaan niin kauan, kuin totuustestin tulos on **true**. Jos totuustestin tulos on **false**, niin silmukkalohko ohitetaan ja ohjelman suoritus jatkuu jälkimmäisen aaltosulkeen perästä. Seuraavassa ohjelmaesimerkissä tulostetaan konsoliin luvut 1-10.

```
void Start()
    {
        int laskuri = 1;
        while (laskuri <= 10)
        {
            print (laskuri);
            laskuri++;  // laskurin kasvatus
        } //while
    } //Start
```

Harjoitustehtävä 4B. Silmukat

1. Aloita Unityssa uusi projekti tai luo uusi scene nimellä Silmukat.

2. Lisää sceneen uusi Empty-objekti, **GameObject – Empty**.

3. Luo uusi **C#**-skripti. Nimeä se *LoopScript*.

4. Liitä *LoopScript*-skripti Empty-objektiin.

5. Koodaa skripti, joka tulostaa konsoliin kaikki luvuilla **2 ja 3** jaolliset kokonaisluvut väliltä 1 – 30.

   (Vihje: ratkaisussa tarvitaan **for** tai **while**-lause, **if**-lause, **AND**-operaattoria **&&** sekä jakojäännösoperaattoria **%**).

6. Tallenna skripti ja testaa Unityssa.

Tähän harjoitustehtävään ratkaisu metodien avulla on esitettynä Metodit-kappaleen lopussa.

Metodeilla ohjelmasta saadaan modulaarinen

Metodi on nimetty, itsenäinen ohjelmalohko, joka voidaan suorittaa toisesta lohkosta tai ohjelmasta kutsumalla sen nimeä. Metodeita nimitetään myös **aliohjelmiksi** ja **funktioiksi**. Metodeihin kirjoitetaan yleensä usein toistettavia ja samankaltaisia toimenpiteitä. Esimerkiksi **Start** ja **Update** -lohkot ovat metodeja.

Pelissä voisi metodina toteuttaa toistettavia rutiineja, esimerkiksi pistetilanteen päivitys, pelihahmojen luonti pelin edetessä jne. Metodiin ei kannata yleensä kirjoittaa kuin yksi tehtävä, jotta metodin perustarkoitus pysyy selkeänä eikä metodista tule liian monimutkaista. Monimutkaisuuden vaarana on yleiskäyttöisyyden menetys. Metodien etuna on niiden uudelleenkäytettävyys, laajennettavuus ja päivityksen helpottuminen.

> Unityssa on varsin kattava kirjasto erilaisia valmiita metodeja. Unityn metodikirjastoihin voi tutustua Unity Scriptin API dokumentaatiossa osoitteessa: https://docs.unity3d.com/2022.3/Documentation/ScriptReference/index.html

Metodin määrittely eli signatuuri

Ennen kuin metodia voidaan käyttää (kutsua), se tulee määritellä. Määrittelyyn eli **signatuuriin** kirjoitetaan **näkyvyysmääre**, **palautusarvon tyyppi**, metodin **nimi** ja mahdolliset **parametrit** kirjoitetaan kaarisulkeisiin. Esimerkiksi:

```
public void MinunMetodi(string s, int x)

{

    metodin lohko, johon ohjelma kirjoitetaan

}
```

Näkyvyysmääre voi olla **public** tai **private**. Näkyvyysmääre kertoo, onko metodi julkinen vai yksityinen. Julkista metodia voidaan kutsua mistä tahansa muusta ohjelmasta. Private-näkyvyydellä metodia voidaan kutsua ainoastaan samasta ohjelmaluokasta.

Metodi voi palauttaa jonkin arvon. Arvo palautetaan kutsuvan lausekkeen paikalle. **Palautustyyppi** määrää, minkä tyyppisen tiedon metodi palauttaa kutsulausekkeelle. Mahdollisia perustyyppisiä palautustyyppejä ovat:

- o *void*, jolloin metodi ei palauta mitään
- o *int,* jolloin metodi palauttaa kokonaisluvun
- o *float*, jolloin metodi palauttaa float-tyyppisen lukuarvon (desimaaliluvun)

- bool, jolloin metodi palauttaa totuusarvon (true/ false)
- String, jolloin metodi palauttaa merkkijonon.

Olio-ohjelmoinnissa (mitä peliohjelmointikin on) voidaan palauttaa viittauksia olioon eli objektiin. Viittaustyyppisissä palautustyypeissä palautetaan viittaus eli muistipaikan osoite kyseiseen olioon tai rakenteeseen. Tässä yhteydessä käytetään kuitenkin perustyypin viittauksia.

Metodin nimen voi ohjelmoija päättää. Metodi on hyvä nimetä toimintoa kuvaavalla tavalla; esimerkiksi *CountPoints.* Metodien nimeämisessä noudatetaan yleensä niin sanottua **Pascal-tyyliä**, jossa kaksiosaisen nimen sanat kirjoitetaan isoilla alkukirjaimilla, esimerkiksi *TakeDamage.*

Parametrit ovat muuttujia. Niiden avulla voidaan metodin kutsussa välittää tietoja, joita metodissa tehtävän suorittamiseen tarvitaan. Parametreille määritetään tyyppi ja sen tulee olla samaa tyyppiä kuin metodin kutsussa välitettävä parametri. Parametrien tulee olla myös samassa järjestyksessä sekä metodin kutsussa että signatuurissa.

Metodin signatuurin jälkeen kirjoitetaan metodin **lohko** aaltosulkuparin { } väliin. Aina, kun metodia kutsutaan, suoritetaan lohkossa oleva koodi. Jos metodissa määritellään muuttujia, ovat ne voimassa vain metodin suorituksen ajan. Jos metodin palautustyyppi on jokin muu kuin **void**, palauttaa metodi palautustyypin mukaisen arvon kutsujalle **return** -lauseella.

```
public class Program : MonoBehaviour
{
    void Start()
    {
        MinunOhjelma("Minttu", 15);
    }

    public void MinunOhjelma(string nimi, int ika)
    {
        print("Hei " + nimi + ". Olet siis " + ika + " vuotta vanha.");
    }

}
```

Yllä koodissa Start-lohkossa on metodikutsu MinunOhjelma, jossa välitetään kaksi parametria metodille. Metodi on julkinen (public) ja void-tyyppinen. Void-tyyppisenä se ei palauta mitään arvoa kutsulausekkeeseen. String-tyyppinen parametri "Minttu"

välitetään metodille vastaavan tyyppisen muuttujaparametrin arvoksi. Samoin int-tyypin

parametrin arvo välittyy ika-muuttujan arvoksi. Metodin lohkossa katenoidaan eli

yhdistetään muuttujien arvot teksteihin ja tulostetaan print-lauseella.

Funktio palauttaa arvon kutsujalle

Funktiotyyppisessä metodissa arvo palautetaan *return*-lauseella. Palautettu metodin

arvo tulee metodin kutsun paikalle. Tästä se voidaan sijoittaa palautustyyppiä vastaavaan

muuttujaan. Ohessa on kuvattu funktion toiminnan vaiheet.

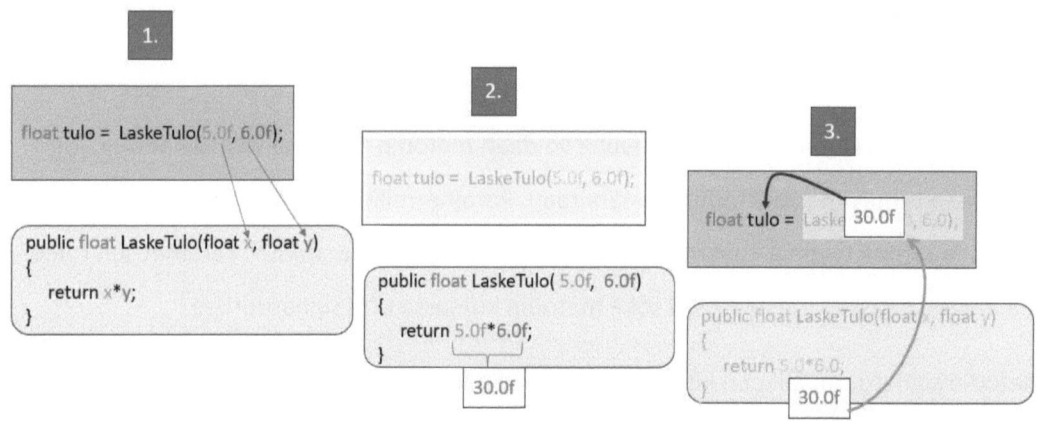

Kuva 47. Funktion toimintaperiaate.

1. Funktiota **LaskeTulo** kutsutaan asetuslauseessa. Kutsussa funktiolle
   välitetään kaksi **float**-tyyppistä parametria. Parametrit välitetään funktion
   signatuuriin parametrien paikalle samassa järjestyksessä kuin ne ovat
   kutsussa.

2. Funktion lohkossa suoritetaan laskutoimitus välitetyillä lukuarvoilla.

3. **Return**-lause palauttaa funktion arvon takaisin kutsun paikalle. Arvo
   sijoitetaan muuttujan **tulo** arvoksi.

Seuraavassa esimerkissä on funktionaalinen ratkaisu Harjoitustehtävään 4B. Silmukat.

Ohjelmassa on kaksi funktiota, **OnkoKahdellaJaollinen** ja **OnkoKolmellaJaollinen**. Ne

palauttavat tiedon siitä, onko luku jaollinen luvulla kaksi tai luvulla kolme. While-silmukassa if-lauseessa on kaksi ehtoa **jako2 && jako3**. Jos molemmat ehdot ovat tosia, niin luku on jaollinen sekä kahdella että kolmella. While-lauseen toistaminen päättyy, kun ylaRaja saavutetaan.

```
public class LoopScript : MonoBehaviour{
    void Start()
    {
        int luku = 1; // alkuarvot muuttujille
        bool jako2 = false;
        bool jako3 = false;
        int ylaRaja = 30; // tällä voi laajentaa tutkittavaa lukualuetta
        while (luku <= ylaRaja) // silmukka käy läpi luvut 1 - 30
        {
            jako2 = OnkoKahdellaJaollinen(luku);
            jako3 = OnkoKolmellaJaollinen(luku);
            if (jako2 && jako3) print(luku); // jaollinen 2:lla JA 3:lla
            luku++;
        }
    } //Start
    public bool OnkoKahdellaJaollinen(int a)
    {
        if (a % 2 == 0)return true; // jakojäännös 2:lla on nolla
        else return false;
    } // onkoKahdellaJaollinen
    public bool OnkoKolmellaJaollinen( int a)
    {
        if (a % 3 == 0) return true;// jakojäännös 3:lla on 0
        else return false;
    } // OnkoKolmella Jaollinen
} //class.
```

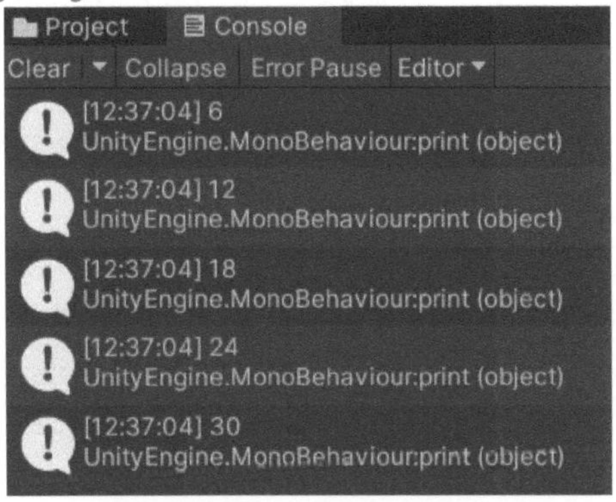

Kuva 48. Kahdella ja kolmella jaollisia lukuja.

Harjoitustehtävä 4C. Valuuttamuunnoksia funktioilla

1. Aloita Unityssa uusi projekti tai luo uusi scene nimellä **Valuutta**.

2. Lisää sceneen Empty-objekti, **GameObject – Empty**.

3. Luo uusi C#-skripti. Nimeä se **Valuuttamuunnos**.

4. Liitä Valuuttamuunnos-skripti Empty-objektiin.

5. Määrittele ennen Start-metodia public-määreellä float-muuttuja *eurot* ja sille alkuarvoksi *1.0f.*

6. Koodaa skripti, jossa **Start-metodissa...**

   a. Kirjoita Start-metodiin kaksi **float**-tyyppistä muuttujaa *dollarit* ja *kruunut.*

   b. Kirjoita muuttujalle **dollarit** asetuslause, jossa funktiokutsuun **MuutaDollareiksi(eurot)** palautettu arvo sijoitetaan muuttujan **dollarit** arvoksi.

   Esimerkiksi *float dollarit = MuutaDollareiksi(eurot);*

   c. Tee vastaava asetuslause muuttujalle **kruunut**.

   d. Kirjoita Start-metodiin vielä tulostusrivit (print), joilla muutetut arvot tulostetaan näkyviin

7. Kirjoita Start-metodin lisäksi kaksi funktiota: **MuutaDollareiksia(float d)** ja **MuutaKruunuiksi(float k)**, jotka **palauttavat** eurojen arvot muutettuna kyseiseen valuuttaan. (esim. public float MuutaDollareiksi(float d) { }

8. *Päivän valuuttakurssit voit tarkistaa esimerkiksi https://www.suomenpankki.fi/fi/Tilastot/valuuttakurssit/*

9. Tallenna skripti ja testaa Unityssa.

Voit muuttaa euromäärää Inspector-ikkunan Valuuttamuunnos -skriptin Eurot kentässä. Valuuttamuunnokset näkyvät Console-ikkunassa.

Tavoitteet:

- Osaat ohjelmoida Unityn input-toimintoja C# -ohjelmointikielellä.
- Opit liikuttamaan objektia Transformin avulla.
- Opit näppäinten ja hiiren painikkeiden tapahtumat
- Ymmärrät, miten peliobjektin komponenttiin tehdään viittaus C#-ohjelmassa.
- Tutustut Raycast-funktioon.

Pelaaja kontrolloi pelin tapahtumia näppäimistöllä, hiirellä, pad-ohjaimella tai joystick-ohjaimella. Myös tietokoneen tai mobiililaitteen kosketusnäyttö on mahdollinen ohjauslaite. Selvitetään seuraavaksi erilaisia ohjelmoinnillisia tapoja kontrolloida esimerkiksi pelaajan liikkumista näppäimistöllä ja hiirellä. Koodikokeiluja varten voit luoda uuden Unity 3D-projektin tai uuden scenen ja nimetä sen esimerkiksi *Luku5* -nimiseksi.

Input Manager, näppäin- ja painikemäärittelyt

Unityssa on yksinkertainen järjestelmä input-toimintojen määrittelyyn nimeltään **Input Manager**. Eri tapahtumat tuottavat erilaisia arvoja Input Managerin *Axes*-kartan asetusten mukaisesti. Näillä arvoilla voidaan ohjailla esimerkiksi objektien liikettä. Input Manager -

ikkuna aukeaa valitsemalla **Edit – Project Settings – Input Manager**.

Input Manager -ikkunassa kohdassa **Axes** nähdään eri tapahtumiin liitetyt näppäimet ja tapahtumat. Esimerkiksi kohdassa **Horizontal** on määritetty, että nuoli vasemmalle (left) ja oikealle (right).

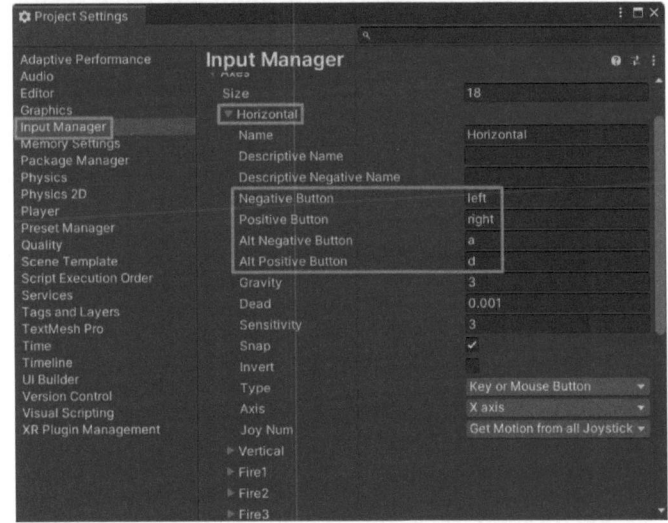

Kuva 49. Input Manager

Vaihtoehtoiset näppäimet ovat A- ja D-näppäimet. Koodiin nämä näppäimet palauttavat 'inputtina' arvot väliltä −1 ja 1. Vertical kohdassa on nuolinäppäimet määritetty **up** ja **down** (nuoli ylös, nuoli alas) ylös- ja alas liikkeelle. **Input Managerissa** on määritykset myös **Fire**-toiminnoille sekä hypylle (**Jump**) välilyönti. Oletusarvoja ei ole syytä muuttaa kuin joissakin erityistilanteissa.

C#-koodissa Input Managerin Axes input-arvoja saadaan käyttöön yksinkertaisesti Input-luokan funktiolla **GetAxis()**. Koodissa tämä 'komento' kirjoitetaan niin sanotulla pistenotaatiolla: **Input.GetAxis()**, jossa ensin on luokan nimi ja pisteen jälkeen luokasta käytettävä funktio. Kaarisulkeisiin kirjoitetaan halutun akselin nimi, esimerkiksi **Input.GetAxis("Horizontal")**.

Peliobjektin liikuttaminen Transform-komponentilla

Input Managerista saatavan näppäintiedon avulla voidaan vaikuttaa peliobjektin **Transform**-komponenttiin. Menetelmä on yksinkertainen. Kerrotaan peliobjektin Transform-komponentin **position**-arvoja input-arvoilla. Koska liike tapahtuu 3D-koordinaatistossa (x,y,z), niin sopiva metodi liikkeen kontrollointiin on **Translate**. Translate-funktiolle voidaan antaa liikkeen suunta ja etäisyys 3D-vektorilla (Vector3D-tyyppisenä). **3D-vektori** on Unityn tietotyyppi ja sisältää kaikki kolme koordinaattiarvoa (x,y,z).

Kuution liikuttamiseksi esimerkiksi **x-suuntaan**, pitää vektorin esitys olla **Vector3(1, 0, 0)** ja vastaavasti **z-suuntaan Vector3(0, 0, 1)**. Akselin liike negatiiviseen suuntaan saadaan asettamalla koordinaatin yksikköarvo negatiiviseksi, esimerkiksi **Vector3(-1, 0, 0)**.

Yksikkövektorin pituisille muutoksille voidaan käyttää Vector-luokista löytyviä lyhenteitä:

- o **Vector3.forward**, on vastaava kuin Vector3 (0, 0, 1)
- o **Vector3.back**, on vastaava kuin Vector3 (0, 0, -1)
- o **Vector3.up**, on vastaava kuin Vector3 (0, 1, 0)
- o **Vector3.down**, on vastaava kuin Vector3 (0, -1, 0)
- o **Vector3.right**, on vastaava kuin Vector3 (1, 0, 0)
- o **Vector3.left**, on vastaava kuin Vector3 (-1, 0, 0)

Vektorilyhenteet liikuttavat objektia yksikkövektorin verran **maailman** koordinaatiston suuntaan (global).

Peliobjektin kääntämiseksi **Transform**-komponentin avulla on käytettävissä metodi **Rotate**, jolle annetaan **Vector3**-tyyppinen parametri. Parametriksi kelpaa esimerkiksi **Vector3.up**, jolloin käännytään **y-akselin** ympäri.

Seuraava esimerkkikoodi saa objektin liikkumaan eteen (forward) ja taakse sekä kääntämään objektia etenemissuuntaan Rotate-metodilla.

```
public class PlayerMove : MonoBehaviour
{
  public float speed = 5.0f; // nopeus
  public float rotateSpeed = 75f; // kääntymisnopeus
  private float verInput; // liike eteen ja taakse
  private float horInput; // kääntyminen
  void Update()
  {
    verInput = Input.GetAxis("Vertical") * speed; // luetaan input ↓↑ WS
    horInput = Input.GetAxis("Horizontal") * rotateSpeed; // ← → AD
    // liikutetaan objektin transformia z-akselin suuntaan
    transform.Translate(Vector3.forward * verInput * Time.deltaTime);
    // käännetään transformia y-akselin ympäri
    transform.Rotate(Vector3.up * horInput * Time.deltaTime);
  }
}
```

Update-metodissa luetaan toistuvasti näppäimistön WASD- ja nuolinäppäinpainallukset "Horizontal" ja "Vertical" akseleilla. Painallusten arvot tallennetaan float-tyypin muuttujiin *verInput* ja *horInput*. Näppäinpainallusten tuottamia arvoja käytetään Vector3-olion x- ja z-parametreissa. **Vector3** on Unityn oliotyyppinen muuttuja.

Ohjelman alussa on muuttuja **speed**. Sen arvo on **5.0f**, mutta sitä voidaan muuttaa skriptin Inspectorin **Speed**-kentässä. Muuttujaa **rotateSpeed** on pyörimisnopeuden kerroin. **Translate**-metodin vektoriparametria Vector3.forward kerrotaan *verInput*-muuttujalla. Liikenopeudesta saadaan tasainen kertomalla parametri vielä **Time**-luokan

deltaTime -aika-arvolla. **deltaTime** on edellisestä ruudun päivityksestä (framesta) kulunut aika. Muuttujien *verInput* ja deltaTimen tulon avulla saadaan liikkeen nopeudeksi noin 5 yksikköä sekunnissa (5 m/s).

PlayerMove-skriptin testaamiseksi sceneen tulee lisätä esimerkiksi kuutio (Player) ja siihen sopiva materiaali. PlayerMove-skripti liitetään Player-kuutioon komponentiksi. Player-objektin liike havaitaan helpommin, kun sceneen lisätään taso (Plane). Y-suuntaan ylös- tai alaspäin liikettä (hyppy) ei ole ohjelmoitu. Hyppytoiminnon ohjelmointi esitetään Character Controller -komponentin yhteydessä myöhemmin.

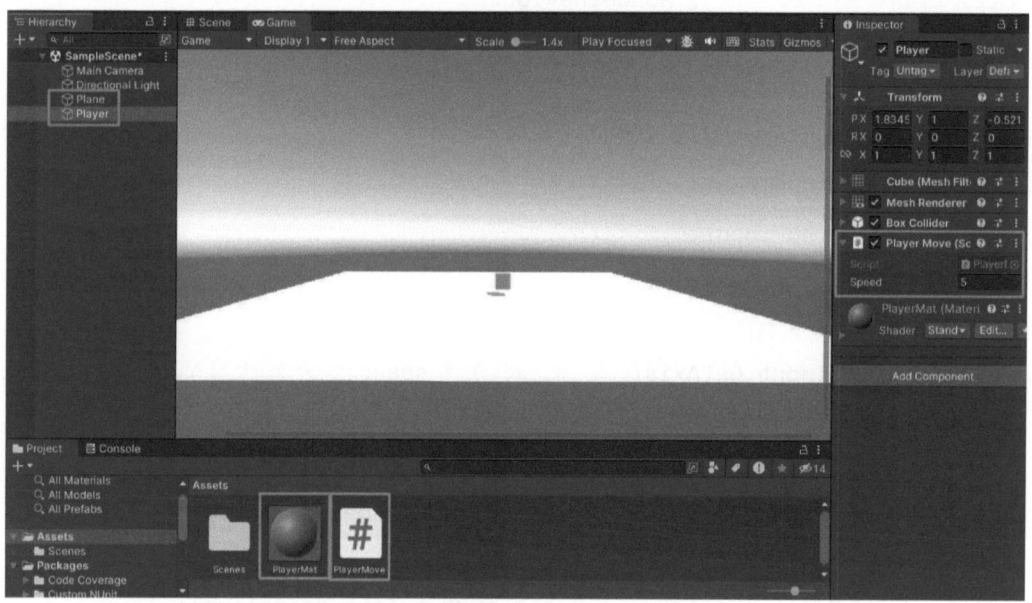

Kuva50. PlayerMove-skriptin testausasetelma Unityssa.

GetKey-metodin käyttäminen näppäinsyötteessä

Input Managerin Axes määritykset liittävät peliobjektin liikkeet tietyille näppäimille kuten WASD-näppäimille, välilyönnille (Space = "Jump") ja Fire-näppäimille. Haluttaessa kontrolloida toimintoja muilla näppäimillä on käytettävä **Input**-luokan **GetKey** -metodia. GetKey-metodi poikkeaa GetAxis-metodista siten, että GetKey palauttaa **booleantyyppisen** arvon **true**, jos parametrina annettu näppäin on painettu pohjaan. Jos näppäin ei ole painettuna, GetKey palauttaa arvon **false**. Koska GetKey-metodi palauttaa booleantyyppisen arvon, voidaan se liittää esimerkiksi **if**-lauseen määrittelyyn totuustestiksi. Esimerkiksi seuraava koodi liitettynä edellisen **PlayerMove**-skriptin

Update-metodin loppuun siirtää **Player**-objektin paikkaan **(0,1,0)** aina, kun painetaan P-näppäintä (KeyCode.P).

```
if (Input.GetKey(KeyCode.P)) transform.position = new Vector3(0,1,0);
```

GetKey-metodilla voi ohjelmoida mitä tahansa toimintoja ja mille tahansa näppäimelle. Näppäin määritetään **KeyCode**-toiminnolla kirjoittamalla pisteen jälkeen haluttu näppäin. **Visual Studio** näyttää listana kaikki mahdolliset näppäimet, jotka KeyCodeen voidaan liittää.

GetKey-metodista löytyy kolme eri variaatiota eri tilanteisiin. **Input.GetKey()**-metodi palauttaa **true** -arvon, kun näppäin pidetään pohjassa. **Input.GetKeyDown()** palauttaa arvon **true** silloin, kun näppäin painetaan pohjaan aktiivisen framen aikana. **Input.GetKeyUp()** palauttaa arvon true silloin, kun näppäin vapautetaan. Muutetaan PlayerSkriptin Update-metodin koodia vielä P-näppäimen osalta sellaiseksi, että painettaessa P-näppäin alas, asetetaan Player-objekti paikaksi (0,1,0) ja päästettäessä P-näppäin ylös, Player-objektin paikaksi asetetaan (5,1,5). Update-metodin lopussa tarvittavat päivitetyt rivit ovat:

```
if (Input.GetKeyDown(KeyCode.P)) transform.position = new Vector3(0,1,0);


if (Input.GetKeyUp(KeyCode.P)) transform.position = new Vector3(5, 1, 5);
```

Hiiren painiketapahtumat

Näppäimistön lisäksi peliä ohjataan ja kontrolloidaan hiiritoiminnoilla (mouse). Hiiren toimintaan liittyy kaksi osaa: hiiren painikkeiden painallukset ja hiiren liikkuminen. Hiiren painikkeiden tapahtumien tunnistaminen on samanlaista kuin näppäinpainallusten. Hiiren painikemääritykset löytyvät myös Input Managerista. Esimerkiksi **Fire1** -painike on *mouse 0*, mikä tarkoittaa hiiren vasenta painiketta. Oikeanpuoleinen painike on 1 ja rulla/keskipainike on 2.

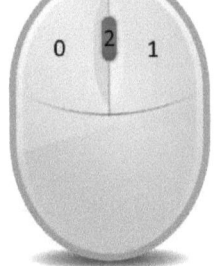

Input-luokasta löytyvät hiiren painikkeiden metodit:

- Input.GetMouseButtonDown(button), palauttaa arvon *true*, kun painiketta painetaan.

- Input.GetMouseButtonUp(button), palauttaa arvo *true*, kun painike vapautetaan.

Käytännössä hiiren painalluksen boolean-arvo pitää tallentaa muuttujaan, jolloin sitä voidaan käyttää esimerkiksi if-lauseen totuusehtona. Esimerkiksi:

```
bool isLeftButtonDown = false;
isLeftButtonDown = Input.GetMouseButtonDown(0); // left button
```

Hiiren osoittimen paikka, mousePosition

Hiiren paikka Unityssa esitetään **pikselikoordinaatteina**. Pikselikoordinaatisto on sama kuin aktiivisen ikkunan koko (pikselikoko), jossa piste (0,0) on ikkunan vasemmassa alanurkassa ja maksimipiste on oikeassa ylänurkassa. Maksimiarvot riippuvat ikkunan koosta. Leveys saadaan *Screen.width* metodilla ja korkeus *Screen.Height* metodilla. Jos näytön resoluutio on esimerkiksi 1920x1080 pikseliä, niin **Input.mousePosition** palauttaa Vector3-tyypin arvon, kuten esimerkiksi Vector3(960, 540, 0), kun hiiri on keskellä näyttöä.

Hiiren osoittimen paikka saadaan luettua esimerkiksi Update-metodissa. Seuraavassa ohjelmaesimerkissä tulostetaan hiiren x- ja y-koordinaatit konsoliin, kun painetaan hiiren vasenta painiketta.

```
public class MousePosition : MonoBehaviour
{
    void Update()
    {
        if (Input.GetButtonDown("Fire1"))
        {
            Vector3 mousePos = Input.mousePosition;
            Debug.Log(mousePos.x);
            Debug.Log(mousePos.y);
        }
    }
}
```

Hiiren liike

Hiiri liikkuu x-y-tasossa ja liike voidaan lukea 'akseleilta' **Input**-luokan metodeilla
Input.GetAxis("Mouse X") ja **Input.GetAxis("Mouse Y").** Metodit antavat tiedon hiiren
liikkumisesta viimeisimmän framen jälkeen. Arvo on −1 ja 1 välillä. Seuraavassa
koodiesimerkissä luetaan hiiren liike ja tulostetaan tieto konsoliin.

```
float hiiri_x;
float hiiri_y;
hiiri_x = Input.GetAxis("Mouse X");
hiiri_y = Input.GetAxis("Mouse Y");
if (hiiri_x != 0)
  {
     Debug.Log("Hiiren liike x-suunnassa: " + hiiri_x);
  }
if (hiiri_y != 0)
  {
     Debug.Log("Hiiren liike y-suunnassa: " + hiiri_y);
  }
```

Hiiri on eri koordinaatistossa kuin 3D-scene

Käytännön toteutuksissa hiirellä valitaan peliobjekteja, ohjataan suuntaa, tähdätään
kohteeseen esimerkiksi ammuttaessa, raahataan esineitä ja niin edelleen. Pieni ongelma
liittyy kuitenkin siihen, että hiiri liikkuu x-y-tasossa (**2D**) ja arvot ovat
pikselikoordinaatteina, kun taas pelissä on kuitenkin **3D**-pelimaailma niin sanotussa
maailman koordinaatistossa (World Coordinates). Tässä tarvitaan
koordinaatistomuunnos. Unityssa on valmiina funktio

Camera.main.ScreenToWorldPoint(Input.mousePosition)

muunnosten tekemiseen. Tämä muuntaa näytön pikselikoordinaatteina esitetyn sijainnin
pelimaailman koordinaatistoon.

Peliobjektin komponenttiin viittaaminen C#-skriptistä

Peliobjektin **Inspectorissa** oleviin komponentteihin (transform, renderer, light, rigidbody, script ja niin edelleen) voidaan vuorovaikuttaa **C#**-skriptissä viittauksen kautta. Viittaus tehdään **Start**-metodissa, jossa viittaus tallennetaan muuttujaan.

Komponenttiviittauksen syntaksi on seuraava:

> Kaikilla peliobjekteilla on **Transform**-komponentti. Transform-komponentti on ainoa komponentti, jota voidaan käyttää suoraan ilman GetComponent -metodia, esimerkiksi **transform.Rotate()**, **transform.Translate()**.

```
ct = GetComponent<ComponentType>()
```

ct muuttujaan tallennetaan viittaus **GetComponent**-metodilla **< >** sulkeissa mainittuun komponenttiin. Muuttuja ct tulee esitellä paikallisena muuttujana. Esimerkiksi viittaus light-komponenttiin tehdään seuraavasti:

```
public class LightScript : MonoBehaviour
{
    Light lightSource;  // luodaan Light-oliomuuttuja
void Start()
    {
     //etsitään Light-komponentti ja tallennetaan muuttujaan
        lightSource = GetComponent<Light>();
        lightSource.type = LightType.Directional // muutetaan valon
tyyppiä
    }
```

Muihin peliobjektien komponentteihin viittaaminen

Skriptissä voidaan luoda viittaus toiseen **peliobjektin** komponenttiin luomalla **public**-tyyppinen muuttuja. Kyseinen peliobjekti asetetaan muuttujan kenttään Inspectorissa. Seuraavassa ohjelmaesimerkissä lisätään peliobjekti **Inspectorin** kenttään ja luodaan viittaus peliobjektin **Rigidbody** -

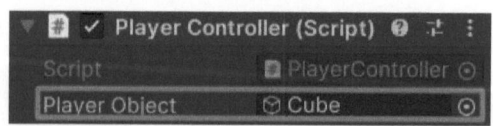

Kuva 51. Peliobjekti liitetään Inspectorissa skriptin kenttään.

komponenttiin. Jos komponenttia ei löydy, se lisätään AddComponent-metodilla.

```csharp
public class PlayerController : MonoBehaviour
{

    private Rigidbody rb; // Tallennetaan Rgidbody-viittaus rb-muuttujaan.

    public GameObject playerObject; // Liitetään peliobjektin tähän.

    private void Start()
    {
// Tarkistetaan, että playerObject on liitetty skriptiin Inspectorissa.
        if (playerObject != null)
        {
// Hae tai lisää RigidBody-komponentti playerObjectista ja tallenna se rb-muuttujaan
            rb = playerObject.GetComponent<Rigidbody>();
            if (rb == null)
            {
// Jos RigidBody-komponenttia ei löydy, lisätään se playerObjectiin
                rb = playerObject.AddComponent<Rigidbody>();
            }

            Debug.Log("Peliobjekti liitettiin skriptiin onnistuneesti!");
 // Voit tehdä täällä haluamiasi toimintoja rb-muuttujan kanssa (esim. lisätä voimaa,
muuttaa painovoimaa jne.)
        }
        else
        {
            Debug.LogError("Peliobjektia ei ole liitetty skriptiin.");
        }
    }
}
```

Toinen tapa on käyttää **Find**-metodia. Find-metodista on kaksi versioita peliobjektin etsimiseen. Haku **nimellä** *Find* ja haku **tagilla** *FindWithTag*. Tässä muuttujan tyypiksi määritellään **private**, jolloin se 'näkyy' vain kyseisessä luokassa (ohjelmassa). Komponentti tallennetaan **Start**-metodissa viittauksena muuttujaan, kuten edellisessä esimerkissä. Ohessa esimerkkiohjelma **Find**-metodin käytöstä.

```csharp
public class PlayerController : MonoBehaviour
{
    private Rigidbody rb;
    private void Start()
    {
    // Etsi peliobjekti "Player" Find-metodilla ja tallenna viittaus playerObject-muuttujaan.
        GameObject playerObject = GameObject.Find("Player");
        // Tarkistetaan, että viittaus löytyi ennen kuin jatkamme.
        if (playerObject != null)
        {
            Debug.Log("Peliobjekti 'Player' löytyi!");
            // Hae tai lisää Rigidbody-komponentti ja tallenna se rb-muuttujaan
            rb = playerObject.GetComponent<Rigidbody>();
            if (rb == null)
            {
             // Jos RigidBody-komponenttia ei löydy, lisää se GameObjectiin
                rb = playerObject.AddComponent<Rigidbody>();
            }


    // Voit tehdä täällä eri toimintoja rb-muuttujan kanssa (esim. lisätä voimaa, muuttaa
painovoimaa jne.)
        }
        else
        {
            Debug.LogError("Peliobjektia 'Player' ei löydetty. Varmista,
että
                            peliobjekti on olemassa ja nimetty oikein.");
        }
    }
}
```

Raycastista apua objektien tunnistamisessa

Unityn **Raycast**-toiminto on eräänlainen säde (ray), joka lähtee jostain pisteestä ja kulkee johonkin pisteeseen. Raycastilla voidaan tunnistaa esimerkiksi hiiren paikka, ammuksen osuminen johonkin kohteeseen, etäisyys toiseen objektiin ja havaita esteitä. Esimerkiksi seuraava lause luo säteen *ray* kamerasta hiiren osoittimen kohtaan:

```
Ray ray = Camera.main.ScreenPointToRay(Input.mousePosition);
```

Kun säde osuu johonkin objektiin, Raycast-funktio palauttaa tiedon törmäyksestä (**hit**).

Palautettavia tietoja ovat **objekti** ja **törmäyspaikka**. Raycast on boolean-tyyppinen ja sen

syntaksi on seuraava:

```
Physics.Raycast(ray, out hitInfo, rayLength)
```

ray on edellä luotu säde, jolla aloituspaikka ja suunta. out hitInfo tallentaa tiedot

osutusta kohteesta *hitInfo* muuttujaan. Jos säde ei osu mihinkään, tämä muuttuja jää

käsittelemättömäksi. rayLength on säteen maksimipituus, joka määrittelee kuinka

pitkälle säde ulottuu pelimaailmassa. Jos säde ei osu mihinkään ennen tätä etäisyyttä, se

ei havaitse mitään.

Raycast-funktiosta on useita eri versioita ja useita eri toteutustapoja. Seuraavassa

koodiesimerkissä luodaan yksinkertainen testiscene, jossa **Sphere** on ”*Enemy*”. Raycastilla

tunnistetaan osuma tähän Enemyyn.

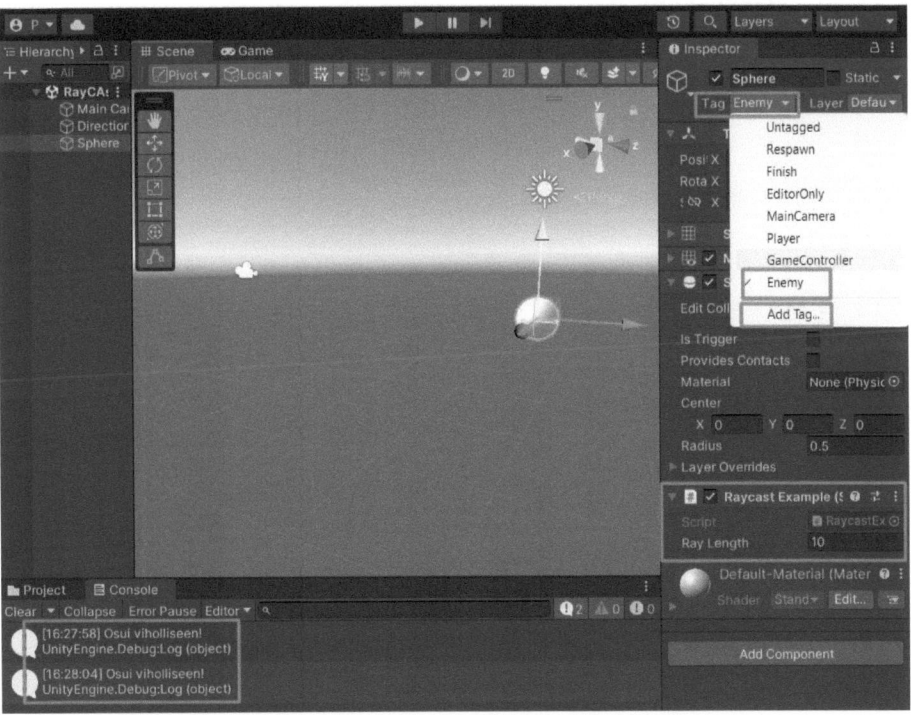

Kuva 52. Raycast-testin asetelma. Osumasta tulostuu tieto konsoliin.

```csharp
public class RaycastExample : MonoBehaviour
{
    // Määritä rayn pituus
    public float rayLength = 10f;
    void Update()
    { // Tarkistetaan, onko pelaaja painanut hiiren vasenta näppäintä
        if (Input.GetMouseButtonDown(0))
        {
            // Luodaan ray kamerasta hiiren kohdepisteeseen
            Ray ray = Camera.main.ScreenPointToRay(Input.mousePosition);
            RaycastHit hitInfo; // Muuttujaan tallennetaan tiedot osumasta
            // Tarkistetaan, osuuko ray johonkin objektiin
            if (Physics.Raycast(ray, out hitInfo, rayLength))
            {
                // Tarkistetaan, osuuko ray vihollisobjektiin
                if (hitInfo.collider.CompareTag("Enemy"))
                {
        // Jos ray osuu vihollisobjektiin, tulostetaan konsoliin viesti
                    Debug.Log("Osui viholliseen!");
                    // mMuita toimintoja osumaan liittyen.
                } //if
            } //if
        } //if
    } //Update
} //class
```

Seuraavassa harjoitustehtävässä ladataan **Asset Storesta** tankki ja laitetaan tankin

tykkitorni pyörimään hiiren osoitinta

kohti. Säädetään myös kamera

seuraamaan Tankki-objektia.

Tehtävässä on **trigonometrisia**

funktioita ja **radiaanimuunnoksia**,

mutta tässä yhteydessä niiden

toimintaa ei avata tarkemmin.

Tehtävässä on paljon uusia asioita, joita

selvitetään tehtävän edetessä. Tallenna

harjoitus jatkokehitystä varten.

> **Trigonometria** on matematiikan osa-alue, joka tutkii kolmioiden ja kulmien välisiä suhteita. Trigonometrian avulla voimme laskea esimerkiksi kolmion sivujen pituuksia ja kulmien suuruuksia.
>
> **Radiaanit** ovat yksikkö, jota käytetään kulmien mittaamiseen myös peliohjelmoinnissa.

Harjoitustehtävä 5A. Tankki versio 0.1, pelikenttä, liike

1. Aloita uusi Unity 3D-projekti ja nimeä projekti **Tank**.

2. Lataa **Asset Storesta Cartoon Tank Free** assettipaketti.

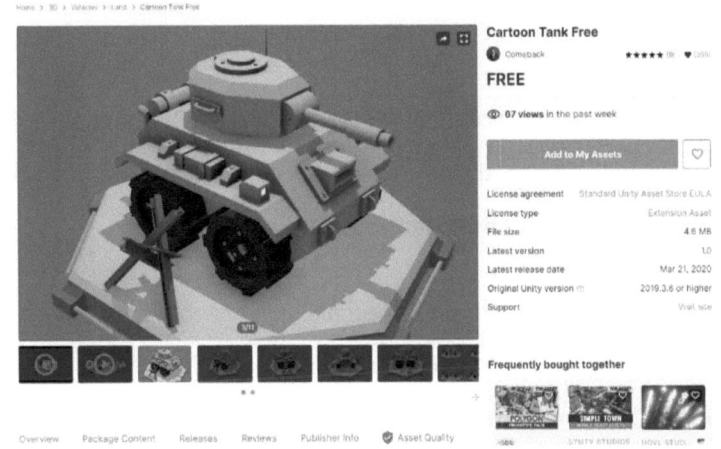

Cartoon Tank Free- assettipaketti sisältää paljon erilaisia **prefabeja**.

Tehdään pelikenttä, laatikko

3. Lisää sceneen 3D Objekti **Plane**, **Position** (0, 0, 0); **Scale** (4, 1, 4). Nimeä Plane-objekti *Ground*-nimiseksi.

4. Tee seinät: Tee *Ground*-objektista duplikaatti (**Duplicate**), hiiren oikealla painikkeella Hierarchy-ikkunassa Ground objektin päällä pikavalikosta **Duplicate**. Nimeä "*Wall*".

5. Siirrä ja käännä *Wall*-objektia Inspectorissa, eli *Position* (0, 20, −20); *Rotation* (90, 0, 0). **Huomaa, että taso renderöidään vain toisesta suunnasta. Toisesta suunnasta se on läpinäkyvä.**

6. Tee Wall-objektista duplikaatti *Wall(1)*. Siirrä se paikoilleen laatikon toiseen reunaan ja käännä näkyvä puoli sisään päin: **Position** (0, 20, 20) ; **Rotation** (−90, 0, 0).

7. Tee *Wall(1)* -objektista duplikaatti *Wall(2)* ja siirrä se takaseinäksi näkyvä puoli sisään päin: **Position** (−20, 20, 0) ; **Rotation** (−90, −90, 0).

8. Tee *Wall(2)* -objektista duplikaatti *Wall(3)* ja siirrä se etuseinäksi näkyvä puoli sisään päin: **Position** (20, 20, 0) ; **Rotation** (90, −90, 0).

9. Luo Hierarchy-ikkunaan **Empty**-objekti nimellä *Box*.

10. Liitä *Ground*- ja kaikki *Wall*-objektit lapsiobjektiksi Box-emptylle. Näin esimerkiksi pelilaatikon siirtäminen on helppoa siirtämällä *Box*-objektia, koska lapsiobjektit seuraavat mukana.

11. Luo **Project**-ikkunan Assets-kansioon alikansio *Materiaalit* (hiiren kakkosella **Create – Folder**). Avaa kansio ja luo uusi materiaalia nimellä *Box_Mat* (Hiiren kakkosella **Create – Material**).

12. Liitä *Box_Mat*-materiaali kaikkiin seiniin ja 'lattiaan'.

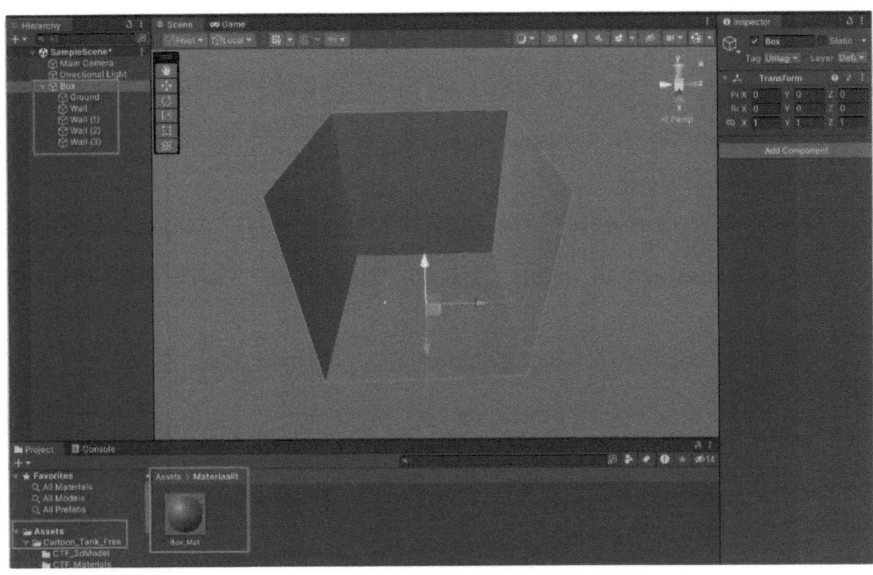

13. Muista tallentaa scene (**Ctrl + S**)

Lisätään seuraavaksi Tankki Prefab pelikentälle ja laitetaan se liikkumaan

14. Avaa **Assets**-kansiosta

    Cartoon_Tank_Free – CTF_Prefabs -

    kansio. Vedä esimerkiksi keltainen tankki

    prefab sceneen. Aseta **Position (0, 1, 0)**.

Prefab erottuu vaalean sinisenä kuutiona muista objekteista **Hierarchy**-

ikkunassa. Prefabien luonti ja käyttötarkoitus selviää myöhemmin. Tankki

koostuu useasta eri lapsiobjektista, joista ainakin tankki, tykkitorni ja tykin

piippu kannattaa nimetä uudelleen ohjelmoinnin helpottamiseksi.

Nimeäminen voidaan tehdä esimerkiksi Inspectorin nimikentässä.

15. Nimeä Tankki-objektin osat esimerkiksi oheisen

    kuvan mukaisesti (*Tank, Turret, Cannon*). Tankin

    renkaita ei tarvitse tässä yhteydessä uudelleen nimetä.

    Jotta tankki tunnistaa fysiikoita ja törmäyksiä, pitää siihen lisätä **Rigidbody**- ja

    Box Collider -komponentit. Rigidbody lisää objektiin fysikaalisia

ominaisuuksia: liike, painovoima (gravity) ja törmäykset. BoxCollider-
komponentti on suorakulmaisen laatikon (särmiön) muotoinen törmäyksen
tunnistus. Ilman collideria peliobjekti kulkee läpi toisista objekteista.
Esimerkiksi tankki putoaa läpi pelikentän pohjan.

16. Valitse *Tank*-objekti Hierarchy-ikkunasta ja klikkaa **Inspectorissa Add
Component** -painiketta. Kirjoita **"Rigidbody"**. Oletusasetukset riittävät tässä.

17. Lisää seuraavaksi **Box Collider** -komponentti. Box
Collider näkyy vihreänä 'kehikkona' tankin
ympärillä.

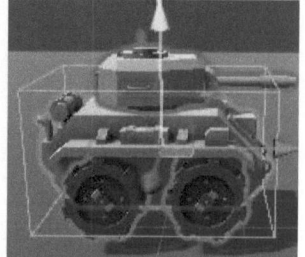

18. Editoi collideria siten, että se ei ole suurempi kuin
tankin koko. Koko on helppo säätää **2D-näkymässä**. Säädöt tehdään
klikkaamalla **Edit Collider** -painiketta, jonka jälkeen colliderin paikkaa

muutetaan **Center**-
kentän arvoilla ja
kokoa **Size**-kentän
arvoilla.

Laitetaan seuraavaksi
tankki liikkumaan. Tähän
tarvitaan **C#**-skripti, jolla
WASD (tai nuoli)-
näppäimillä tankki kääntyy ja liikkuu eteen ja taakse. Koska peliobjektiin lisättiin
Rigidbody, on suositeltavaa kontrolloida liikettä Rigidbody- komponentin avulla
Transform-komponentin sijaan. Rigidbodya käytettäessä on **C#**-koodissa parempi
käyttää **FixedUpdate**-metodia **Update**-metodin sijaan. FixedUpdate suorittaa
fysiikoiden päivitykset useammin kuin Update.

19. Luo **Assets**-kansioon uusi alikansio nimellä *Scripts*. Avaa kansio ja luo sinne uusi **C#**-skripti nimellä *PlayerControls*. **Muista** nimetä tiedosto heti luomisen jälkeen!

20. Avaa *PlayerControls*-skripti **Visual Studioon** ja koodaa oheinen ohjelma. Koodissa on paljon kommentteja, joita ei ole pakollista kirjoittaa, mutta ne kannattaa lukea huolella.

```csharp
public class PlayerControls : MonoBehaviour
{
    public float moveSpeed; //liikenopeus säätö Inspectorissa
    public float turnSpeed; // kääntymisnopeus, säätö Inspectorissa
    private Rigidbody rb; // viittaus Rigidbodyyn Start-metodissa
    void Start()
     {
      rb = GetComponent<Rigidbody>();
     } // Start
     void FixedUpdate()  // käytetään Rigidbodyn fysiikoiden kanssa
     {
        float inputHor = Input.GetAxis("Horizontal"); //AD ja nuolet
        float inputVer = Input.GetAxis("Vertical"); // WS ja nuolet
        // tankin kääntyminen ja liikkuminen
        if (inputHor != 0) // jos kääntymisnäppäintä painettu
        {
         Vector3 turn = Vector3.up * inputHor * turnSpeed;// kääntyy
         rb.angularVelocity = turn; // kääntää vektoria turn-suuntaan
        } // if
       if (inputVer != 0) //jos liikenäppäin painettu
        {
        // vektori liikkumiseen
        Vector3 move = transform.forward * inputVer * moveSpeed;
        rb.velocity = move; // edetään nopeudella move
         } // if
     } // Fixed Update
} // class
```

21. Tallenna skripti (**Ctrl + S**) ja palaa takaisin Unityyn.

22. Liitä *PlayerControls*-skripti komponentiksi **Tank**-objektiin (Add Component tai vedä skriptikuvake Scripts-kansiosta Tank-objektin Inspectoriin).

23. Aseta Inspectorin **Player Controls**-komponentissa **Move Speed** ja **Turn Speed** arvot esimerkiksi oheisen kuvan mukaisesti.

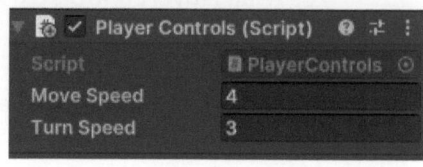

24. Tallenna Scene (**Ctrl + S**). Testaa käynnistämällä **Play-mode**. Voit säätää Move Speed ja Turn Speed arvoja testin aikana, mutta arvot eivät säily.

Nyt tankin pitäisi kulkea eteen ja taakse sekä kääntyä. Tankki liikkuu pelikentällä pois näkyvistä. Laitetaan seuraavaksi kamera seuraamaan Tankki-objektia. Tähän tarvitaan uusi **C#**-skripti.

25. Luo Scripts-kansioon uusi **C#**-skripti nimellä *CamFollow*. Avaa skripti **Visual Studioon** ja koodaa oheinen ohjelma. Koodin toimintaa on selitetty kommenteissa. Niitä ei ole pakko kirjoittaa, mutta ne kannattaa lukea huolella.

```
public class CamFollow : MonoBehaviour
{
  public Transform target; // liitä tähän seurattava objekti, eli Tankki
  public Vector3 CamOffset = new Vector3(0f, 20f, -30f);
  // Kameran etäisyys Tankkiin,voi säätää haluamakseen inspectorissa.
  void LateUpdate()
  {
   // kameran positioksi asetetaan tankin positio + kameraoffset
    this.transform.position = target.position + CamOffset;
  }
}
```

26. Liitä *CamFollow*-skripti **MainCameraan** komponentiksi. Vedä **Tankki**-objekti *Target*-kenttään.

27. Tallenna scene ja testaa **Play**-modessa.

    Voit säätää **Cam Offset** -arvoja sopivaksi testin aikana, mutta ne eivät testin sulkemiseen jälkeen tallennu.

Lopuksi laitetaan vielä tykki kääntymään hiiren osoittimen suuntaan. Kääntymisen toteuttamisessa tarvitaan hieman monimutkaisempia rakenteita ja funktioita. Myös sceneen pitää lisätä muutamia asioita. Niitä selitetään tehtävässä ja koodin kommenteissa joiltakin osin. Tykin kääntämistä varten tulee **PlayerControls**-skriptiin tehdä lisäyksiä. Lisäykset on merkitty koodin kommenteissa tähdellä sekä punaisella alleviivalla. Jotta päivitetty koodi toimisi, pitää Unityssa tehdä seuraavat toimet:

28. Säteen (**Raycast**) avulla haetaan hiiren osoittimen paikka. Raycast-funktio tarvitsee parametrina **layerin**, johon säde osuu. Layer saadaan luotua seuraavasti:

    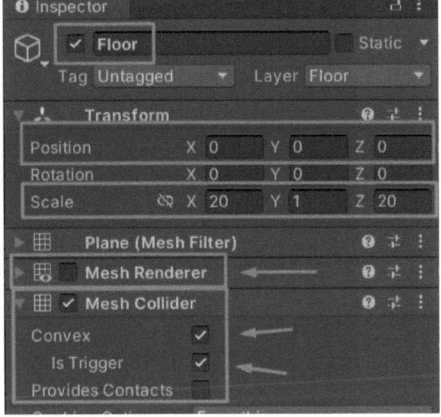

    a. Lisää ensin uusi objekti Plane, **GameObject – 3D Object – Plane**. **Position** (0, 0, 0); **Scale** (20, 1, 20), nimeä Plane *"Floor"*- nimiseksi.

    b. Poista *Floor* objektista **MeshRenderer**- komponentti poistamalla valinta ruudusta.

    c. Lisää MeshCollider komponentissa valinta **Convex** ja **Is Trigger**.

Kun **MeshRenderer**-komponentti 'disabloidaan' eli tehdään käyttämättömäksi, niin siitä tulee näkymätön. Näin se ei sekoita pelikentän alustaa. *Floor*-objekti kuitenkin kokee tapahtumia, vaikka se on näkymätön. **MeshCollider** tunnistaa törmäykset ja vaikuttaa kappaleiden toimintaan. Jos Colliderista on asetettu **is Trigger** -valinta, niin objektin collider ainoastaan tunnistaa törmäykset, mutta ei vaikuta kappaleiden fysiikoihin. Tässä tunnistetaan hiiren osoittimen paikka. **Convex**-valinta antaa planelle hieman paksuutta ja rajoittaa sen muotoa. Floor-objektille tulee vielä luoda **layer,** jotta koodissa se löydetään **GetMask**-funktiolla (floorMask = LayerMask.GetMask("Floor");)

29. Lisää Floor-objektille layer Floor-objektin Inspectorissa valitsemalla Layer-valikosta **Add Layer...** Lisää esimerkiksi kohtaan **8: Floor** ja tallenna. Tämän jälkeen voit valita lisäämäsi layerin valikosta. Valitse siis Floor-objektille layeriksi **Floor**.

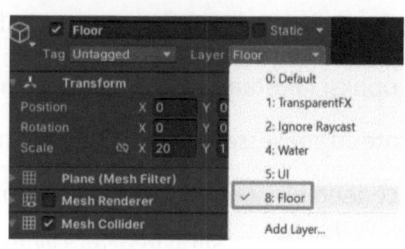

30. Avaa *PlayerControls*-skripti ja seuraavat (korostetut) lisäykset koodiin. Aiemmin kirjoitettu koodi on harmaana.

```
public class PlayerControls : MonoBehaviour
{
    public float moveSpeed; //liikenopeus säädetään skriptin kentässä
    public float turnSpeed; // kääntymisnopeus, säätö Inspectorissa
    public float turretSpeed; //tykkitornin kääntymisnopeus
    public Transform turret; //viittaus tykkitornin transformiin

    private Rigidbody rb; // tähän viittaus Rigidbodyyn Start-metodissa
    private Camera mainCam; //kamera tarvitaan 'säteen' laskentaa varten
    private float maxRayDist = 100f; //maksimi säteen etäisyys
    private int floorMask; //tähän tallennetaan maski, johon säde osuu
    void Start()
    {
        rb = GetComponent<Rigidbody>();
        mainCam = Camera.main; //kamera muuttujaan talteen
        floorMask = LayerMask.GetMask("Floor"); //haetaan maski
muuttujaan nimellä
    }
    // Update is called once per frame
    void FixedUpdate()  // käytetään Rigidbodyn fysiikoiden kanssa
    {
```

```
        float inputHor = Input.GetAxis("Horizontal"); //AD ja nuolet
        float inputVer = Input.GetAxis("Vertical"); // WS ja nuolet


        // tankin kääntyminen ja liikkuminen
        if (inputHor != 0) // jos kääntymisnäppäintä painettu
        {
            Vector3 turn = Vector3.up * inputHor * turnSpeed; // vektori
kääntymiseen
            rb.angularVelocity = turn; // kääntää vektoria turn-suuntaan
        }
        if (inputVer != 0) //jos liikenäppäin painettu
        {
         Vector3 move = transform.forward * inputVer * moveSpeed; //
vektori liikkumiseen
            rb.velocity = move; // edetään nopeudella move
        }
        // hiiren osoittimen paikka haetaan säteellä
        Ray ray = mainCam.ScreenPointToRay(Input.mousePosition);
        RaycastHit hit; //* RaycastHit palauttaa tiedon hit-muuttujalla
        if (Physics.Raycast(ray, out hit, maxRayDist, floorMask))
        {
            Vector3 targetDir = hit.point - turret.position; //suunta
            targetDir.y = 0f; // tykki ei saa osoittaa ylös tai alas
            // RotateTowards kääntää vektoria…
            Vector3 turnDir =
Vector3.RotateTowards(turret.forward,targetDir,turretSpeed *
Time.deltaTime,0f);
            // ...ja rotation kääntää turretin tähän suuntaan
            turret.rotation = Quaternion.LookRotation(turnDir);
        }
    }


}
```

31. Tallenna koodi **Ctrl + S**.

32. *PlayerControls*-skriptikomponenttiin tulee vielä liittää **Turret**-objekti ja asettaa **Turret Speed**. Vedä Hierarchy-ikkunasta Turret-objekti **Player Controls**-komponentin Turret-kenttään ja aseta **Turret Speed** arvoon **5**.

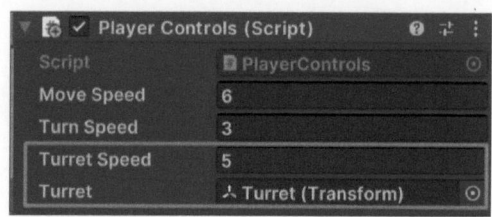

33. Tallenna scene ja testaa Play-modessa.

Nyt tykkitornin pitäisi kääntyä hiiren osoitinta kohti pienellä viiveellä. Viive saatiin asettamalla **turnDir**-muuttujan arvo **turretSpeed** kerrottuna **Time.deltaTime**-arvolla. **Time.deltaTime**-arvo on kulunut aika edellisestä framesta ja tasoittaa kääntymisnopeuden tietokoneen nopeudesta riippumattomaksi.

Harjoitustehtävä 5B. Character Controller-komponentti

Luvussa 3 sekä harjoitustehtävässä 3 (Pelimaailman luonti) esitettiin peliobjektin liikuttamiseen soveltuva **Character Controller** -komponentti, mutta sen toimintaa ei siinä yhteydessä selitetty kovinkaan tarkasti.

Character Controller lisätään peliobjektiin komponenttina, mutta peliobjektin liikkumisen ja hyppyjen sekä törmäysten ohjaaminen tehdään ohjelmoimalla. Character Controller -komponentissa on muutama hyödyllinen ominaisuus ja kaksi metodia, joiden avulla peliobjektille saadaan luotua perusliikkeet. Seuraavassa esimerkkikoodissa on käytetty Character Controllerin ominaisuutta **isGrounded** joka palauttaa arvon **true**, jos objekti on tasopinnalla, ei siis liiku ylös tai alaspäin. Tätä ominaisuutta käytetään tunnistamaan, että objekti on tason pinnalla, jotta hyppy voidaan toteuttaa.

Peliobjektin liikuttamiseen **Character Controllerissa** on kaksi metodia: **SimpleMove** ja **Move**. Molemmille tarvitaan parametriksi **3D**-vektori, jolla saadaan liikkeen suunta ja nopeus. Esimerkissä käytämme **Move**-metodia.

Character Controllerin testaamista varten voit luoda uuden 3D-projektin tai uuden scenen. Lisää sceneen kapseli (**Capsule**) ja sille **lapsiobjektiksi** voi asetella kuution (Cube). Tällä rakennelmalla kapselin pyöriminen on helpompi havaita. Kapselille pitää lisätä komponentiksi **Character Controller**. Lisäksi koodataan uusi **C#**-skripti *PlayerMove* ja liitetään sekin kapseliin komponentiksi. *PlayerMove*-skriptin julkisten (public) muuttujien **speed** (liikenopeus), **rotSpeed** (pyörimisnopeus) ja **jumpSpeed** (hyppynopeus) arvoja voidaan muuttaa Inspectorissa skriptin kentissä.

Oheisesta kuvasta saat vihjeen testausasettelusta, 3D-objekteista ja kapselin komponenteista. *PlayerMove* -skripti on esitetty kuvan jälkeen. Skriptin toimintaa on selitetty kommenteissa. Ne kannattaa lukea.

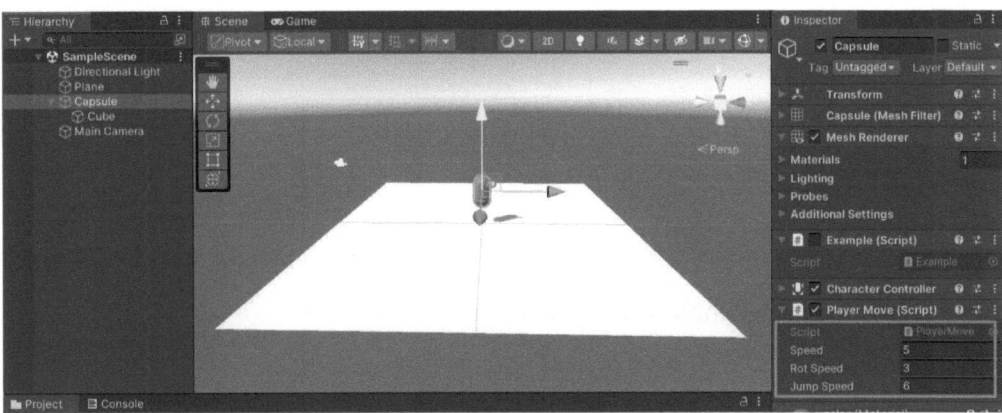

Kuva 53. Testiasetelma Character Controller -testausta varten.

```
public class PlayerMove : MonoBehaviour
{
    private CharacterController controller;
    public float speed = 5f;
    public float rotSpeed = 2f;
    public float jumpSpeed = 6f;
    private readonly float gravity = 9.81f;
    private float verticalSpeed;
    private void Start()
    {//luodaan viittaus CharacterController-komponenttiin
        controller = GetComponent<CharacterController>();
```

```
    }//Start
    void Update()
    {
      if (controller.isGrounded) verticalSpeed = 0f;
      // jos maassa, nopeus 0, muuten nopeus alaspäin
      else verticalSpeed -= gravity * Time.deltaTime;
        Vector3 fallMove = new(0, verticalSpeed, 0); //y-suunta
        // jos Space painettu JA objekti on maassa, niin hyppää
        if (Input.GetButton("Jump") && controller.isGrounded)
            verticalSpeed = jumpSpeed;
        // WS = liikkuu eteen/taakse move-vektorin arvon mukaan
        Vector3 move = transform.forward * Input.GetAxis("Vertical");
        controller.Move(speed * Time.deltaTime * move + fallMove *
Time.deltaTime);
        // AD = kääntyy y-akselin ympäri
        transform.Rotate(0, Input.GetAxis("Horizontal") * rotSpeed, 0);
    }//Update
}//class
```

Tallenna *PlayerMove*-skripti ja testaa kapselin liikkuminen ja hyppytoiminto. Tämä koodi
on käyttökelpoinen pelihahmon perusliikkeiden ohjelmointiin.

LUKU 6: PELIN MEKANIIKKOJEN OHJELMOINTI

Tavoitteet:

- Ymmärrät pelin mekaniikkojen ohjelmoinnin periaatteet.
- Opit käyttämään fysiikkakomponentteja, kuten Rigidbodies ja Colliders.
- Osaat lisätä fysiikkamateriaalin peliobjektiin.
- Opit, miten tunnistetaan törmäyksiä.

Unityn fysiikkaominaisuudet luodaan simuloimalla fysiikkamoottorilla realistista käyttäytymistä eri objektien välillä. Hallittavia ominaisuuksia ovat muun muassa:

a. **Massa:** Objektin massa vaikuttaa sen liikkeeseen ja vuorovaikutukseen muiden objektien kanssa. Raskaat objektit ovat vaikeampia liikuttaa ja reagoivat voimiin eri tavalla kuin kevyet objektit.

b. **Voimat ja liike:** Unityssä voidaan lisätä voimia (force) objekteille, jotka vaikuttavat niiden liikkeeseen. Tämä voi sisältää työntäviä, vetäviä tai pyöriviä voimia. Voidaan simuloida myös kitkaa (*friction, drag*) ja ilmanvastusta.

c. **Törmäykset:** Unityn fysiikkamoottori huolehtii törmäysten (*collision*) havaitsemisesta ja käsittelystä objektien välillä. Voidaan määrittää, miten objektit reagoivat toisiinsa yhteentörmäystilanteissa

d. **Rigidbody:** Objekti voi käyttäytyä jäykän kappaleen tavoin (*rigid body*). Rigid body -objektit reagoivat yhteentörmäyksiin ja voimiin realistisella tavalla.

e. **Jousivoimat ja nivelten simulointi:** Kappaleille voidaan lisätä jousivoimia (*spring*) ja nivelten (*joint*) simulointia objektien välille. Näillä voidaan simuloida esimerkiksi ovia, heilureita yms.mekaanisia rakenteita.

f. **Gravitaatio:** Unityssa on sisäänrakennettu gravitaatio eli painovoima, joka vaikuttaa objektien putoamiseen ja liikkeeseen. Gravitaation suuntaa tai voimakkuutta voidaan muuttaa tarpeen mukaan.

g. **Trigger-yhteentörmäykset:** Objekteille voidaan määrittää

törmäystunnistuksia, jotka toimivat laukaisimina (*trigger*) tietyissä tilanteissa.

Tutustutaan seuraavaksi muutamiin Unityn fysiikkasimulaatioihin. Luvun lopussa oleva harjoitustehtävä kokoaa luvun asiat yhteen.

Rigidbody-komponentti

Rigidbody- komponentilla objektin liikettä voidaan kontrolloida Unityn fysiikkamoottorilla. Objektiin saadaan simuloitua painovoima lisäämällä objektiin Rigidbody-komponentti. **Collider**-komponentin kanssa se tunnistaa törmäykset toisiin objekteihin. Rigidbody-komponentilla voidaan kontrolloida ohjelmoimalla objektiin kohdistuvia erilaisia voimia. Huomaa, että peliobjektin liikkumista ei saa kontrolloida samanaikaisesti sekä **Transform**- että **Rigidbody**-komponentilla. Näiden yhtäaikainen käyttö voi saada aikaan harmittavia ristiriitoja.

Koska Rigidbody-komponenttia kontrolloidaan fysiikkamoottorin avulla, on siihen liittyvä koodi sijoitettava **FixedUpdate**-funktioon Update-funktion sijasta. **FixedUpdate** -funktiota kutsutaan aina kun fysiikkamoottori on tehnyt päivityksen fysiikoihin ja näin muutokset tapahtuvat ilman viiveitä.

Rigidbodyn asetuksilla saadaan objektiin simuloitua useita fysikaalisia suureita:

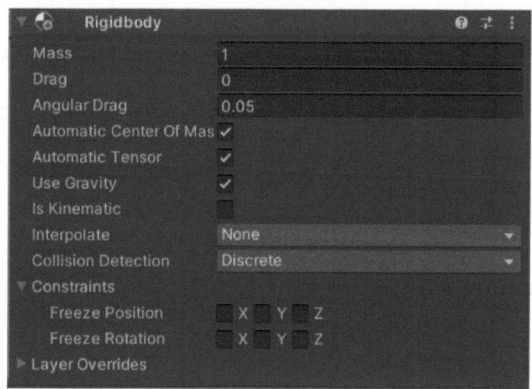

Kuva 54. Rigidbody-komponentti.

- o **Mass**, objektin massa Unity-
  yksiköissä, **1** unit = **1** kg.
- o **Drag**, simuloi kappaleeseen
  kohdistuvaa ilmanvastusta, eli
  hidastaa objektin liikettä. Mitä
  suurempi Drag-arvo on, sitä
  enemmän voimaa tarvitaan objektin liikuttamiseen.

- o **Angular Drag**, sama kuin Drag, mutta vaikuttaa pyörivässä liikkeessä.

- o **Automatic Center of Mass**, laskee automaattisesti kappaleen massakeskipisteen

  sekä huomioi kappaleen muodon ja koon. Disabloimalla asetuksen voidaan

  massakeskipisteen paikka asettaa vapaasti.

- Automatic Tensor, fysiikkamoottori laskee automaattisesti kappaleen tarvitseman momentin/voiman pyörimiseen ja liikkumiseen. Tässä huomioidaan mahdolliset törmäykset.
- Use Gravity, objektiin kohdistetaan painovoima.
- Is Kinematic, valittuna objekti ei reagoi fysiikkamoottorin voimiin. Tällöin kappaletta voidaan kuitenkin liikuttaa Transformin muutoksilla.
- Interpolate, pehmentää objektin liikkeitä. Asetusta voi käyttää, jos kappaleen liike on nykivää.
- Collision Detect, törmäystarkistuksen asetus. Oletusarvo Discrete toimii yleisesti. Nopeasti liikkuvilla objekteilla voi törmäystarkistus vaatia asetusta Continuous tai Continuous Dynamic.
- Constraints, rajoituksilla voidaan "jäädyttää" liike ja pyöriminen valittujen koordinaattiakseleiden suhteen.

Törmäystentunnistus, Collider

Objektin törmäykset toisiin objekteihin tunnistetaan Collider-komponentin avulla. Collider on objektin ympärillä oleva kehys, joka tunnistaa toisen objektin kehyksen sisäpuolella. Geometrisilla objekteilla (Cube, Capsule, Sphere...) on automaattisesti mukana collider-komponentti. Muihin objekteihin collider voidaan lisätä kuten mikä tahansa komponentti; joko valitsemalla Component – Physics – collider-tyyppi tai Inspectorissa Add Component – Collider – colliderin tyyppi .

Unityssä on erilaisia Collider-komponentteja, joilla määritellään törmäysmuodot ja fysiikkakäyttäytyminen. Tässä on yleisimpiä Collider-tyyppejä:

- Box Collider: Määrittelee kolmiulotteisen suorakulmaisen särmiön törmäysmuodon. Sitä käytetään yleensä objekteille, joilla on karkeasti laatikon muotoinen ulkonäkö.
- Sphere Collider: Sphere Collider määrittelee törmäysmuodon pallon muotoiselle objektille.
- Capsule Collider: Kapselimainen törmäysmuoto, joka on yhdistelmä sylinteriä ja puolipalloa. Sitä käytetään usein ihmishahmojen törmäysmuotojen määrittämiseen.

- o **Mesh Collider:** Mesh Collider noudattaa objektin omaa muotoa törmäyskuviona. Se mahdollistaa tarkan törmäystunnistuksen, mutta kuormittaa tietokonetta, jos käytetään monimutkaisia malleja.

- o **Terrain Collider:** Unityn Terrainin törmäysmuoto. Se soveltuu hyvin muuttumattomiin maaston osiin.

- o **Wheel Collider:** Wheel Collider on tarkoitettu ajoneuvojen renkaiden fysiikkasimuloimiseen.

- o **Character Controller:** Edellä käsiteltiin Character Controller -kompoentti, jossa on mukana törmäysten käsittely.

On tärkeää valita oikea Collider-tyyppi sen mukaan, millaista törmäystä haluat simuloida ja kuinka tarkkaa törmäyskäsittelyä tarvitset. Oheisessa kuvassa on Cube-objektin komponenttina oleva **Box Collider** ja alla on selitetty sen ominaisuudet.

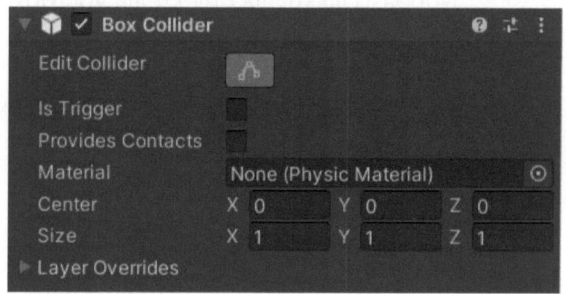

Kuva 55. Box Collider -komponentti.

- o **Edit Collider:** Painikkeesta klikkaamalla voidaan collideria editoida. Editointitilassa colliderin reunat näkyvät vihreinä janoina, joita voi vetää hiirellä paikkamerkeistä.

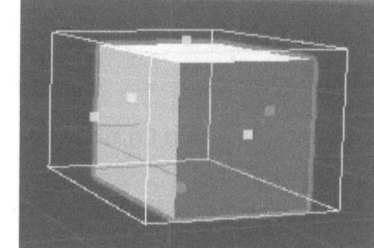

Kuva 56. Box Colliderin editointi. Kuvassa collideria on suurennettu, jotta se näkyy paremmin.

- o **Is Trigger:** Jos **Is Trigger** on valittuna, niin fysiikkamoottori ei reagoi törmäyksiin, vaan ainoastaa antaa viestin tapahtuneesta törmäyksestä.

- o **Material:** Fysiikkamateriaalilla määritetään objektin käyttäytymistä törmäystilanteissa.

- o **Center:** Colliderin sijainti objektin sisäisessä (local) koordinaatistossa.

- o **Size:** Colliderin koko X, Y ja Z -suunnissa.

Fysiikkamateriaali

Fysiikkamateriaali voidaan liittää collideriin, jolloin saadaan sen toimintaan erilaisia ominaisuuksia. Fysiikkamateriaaleilla voidaan simuloida esimerkiksi kimmoisaa kumipalloa tai liukasta jäätä.

Fysiikkamateriaali luodaan valitsemalla **Project**-ikkunan **+** -valikosta **Physic Material**. Toinen vaihtoehto on valita hiiren oikean painikkeen pikavalikosta **Create – Physic Material**. Materiaali nimetään ja sen asetuksia voidaan muuttaa Inspectorista.

Materiaaleja varten kannattaa luoda oma kansio **Asset**-kansioon, esimerkiksi *Materials*-kansio. Materiaali lisätään peliobjektiin vetämällä se hiirellä sceneen peliobjektin päälle. Lisäämisen jälkeen se näkyy myös Inspectorissa Colliderin **Material**-kentässä.

Fysiikkamateriaalin asetukset vaikuttavat objektin käyttäytymiseen törmäystilanteissa ja kontakteissa. Fysiikkamateriaalia ei nähdä visuaalisesti.

Fysiikkamateriaalin ominaisuudet ovat:

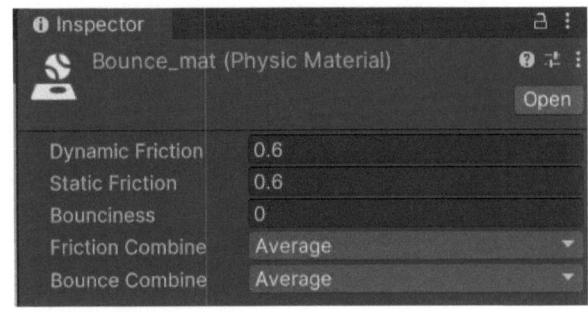

Kuva 57. Fysiikkamateriaalin ominaisuuksia.

- o **Dynamic Friction:** Liikekitka vaikuttaa liikkeessä olevaan objektiin. Arvo 0 poistaa kitkan ja maksimiarvo on 1.

- o **Static Friction:** Lepokitka vastustaa objektin liikkeelle lähtemistä. Arvo väliltä 0 ja 1.Kun objekti liikkuu, käytetään Dynamic Friction -arvoa.

- o **Bounciness:** Kimmoisuus. Arvolla 0 objekti ei ole kimmoisa ja arvolla 1 objekti kimpoaa hyvin.

- o **Friction Combine:** Määrittää, miten kahden objektin keskinäinen kitka vaikuttaa yhdessä.

    - o **Average,** kahden kitkan keskiarvo

- o **Minimum,** pienimmän arvon mukaan

- o **Maximum,** suurimman arvon mukaan

- o **Multiply,** käytetään arvojen tuloa, eli arvot kerrotaan keskenään.

- o **Bounce Combine:** Määrittää, miten kahden objektin Bounciness-arvoja käsitellään törmäystilanteessa. Vaihtoehdot samat kuin Friction Compine -asetuksessa.

Triggerit

Törmäysten tapahtuessa peliobjektien fysikaalinen 'käyttäytyminen' määrätään collidereilla ja fysiikkamateriaaleilla. Collider voidaan määrittää triggeriksi. **Trigger** tunnistaa törmäyksen, mutta se ei tee peliobjektin fysiikoille mitään. Sen sijaan trigger kutsuu **kolmea** eri erikoismetodia, joilla voidaan ohjelmoida haluttuja toimintoja törmäystilanteen käsittelyyn:

- ```
  void OnTriggerEnter(Collider other) // kutsutaan törmäyksen
  tapahtuessa
  ```

- ```
  void OnTriggerStay(Collider other) // törmäystapahtuma jatkuu
  edelleen
  ```

- ```
  void OnTriggerExit(Collider other) // kutsutaan törmäyksen
  päättyessä
  ```

Metodit ovat void-tyyppiä, joten ne eivät palauta mitään, vaan ainoastaan suorittavat lohkoon kirjoitetut ohjelmarivit.

Näiden metodien avulla voidaan kontrolloida objektin toimintaa ohjelmallisesti. Esimerkiksi seuraava koodi liitettynä komponentiksi esimerkiksi Cube-objektiin tulostaa konsoliin tiedon törmäystapahtumasta. Tulostettava viesti riippuu siitä, millainen trigger-tapahtuma oli:
  ```

```
public class TriggerExample : MonoBehaviour
{
    private void OnTriggerEnter(Collider other)
    {
        print(other.gameObject.name + "törmäsi kuutioon");
    }
    private void OnTriggerStay(Collider other)
    {
        print(other.gameObject.name + "koskettaa edelleen kuutiota");
    }
    private void OnTriggerExit(Collider other)
    {
        print(other.gameObject.name + "poistui kuution kosketuksesta");
    }
}
```

Kuution **Box Collider** pitää asettaa triggeriksi valitsemalla **Is Trigger**. Tällöin collider kutsuu törmäystilanteeseen sopivaa metodia, mutta ei muuten reagoi törmäykseen.

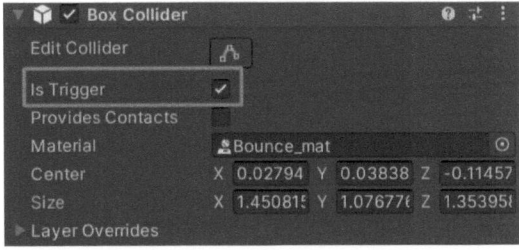

Kuva 58. Box Collider asetettu triggeriksi.

Harjoitustehtävä 6. Fysiikkamateriaalit

1. Aloita uusi **3D**-projekti nimellä *LUKU6* tai luo uusi scene.

2. Luo **Assets**-kansioon uusi kansio nimellä *Materials*.

3. Luo *Materials*-kansioon **viisi** fysiikkamateriaalia (Klikkaa joko **Project**-ikkunan +-valikosta **Physic Material** tai Assets/Materials -ikkunassa hiiren oikean painikkeen pikavalikosta). Nimeä materiaalit seuraavasti ja aseta Inspectorissa niiden ominaisuudet annettuihin arvoihin.

Fysiikkamateriaalin nimi	Ominaisuudet

Rubber (Kumi)

- Dynamic: 0.8
- Static: 0.9
- Bounciness: 0.8
- Friction Combine: Maximum
- Bounce Combine: Average

Ice (Jää)

- Dynamic: 0.05
- Static: 0.1
- Bounciness: 0.05
- Friction Combine: Multiply
- Bounce Combine: Multiply

Wood (Puu)

- Dynamic: 0.475
- Static: 0.475
- Bounciness: 0
- Friction Combine: Average
- Bounce Combine: Average

Metal (Metalli)

- Dynamic: 0.15

- Static: 0.2

- Bounciness: 0

- Friction Combine: Minimum

- Bounce Combine: Average

Mud (Muta)

- Dynamic: 1

- Static: 0.9

- Bounciness: 0

- Friction Combine: Minimum

- Bounce Combine: Minimum

4. Luo **viisi** materiaalia ja aseta niihin väreiksi *Black, Blue, Brown, Red, Yellow*.

5. Luo kuusi 3D-objektia; **neljä** palloa (Sphere) ja **kaksi** kuutiota (Cube). **Vihje**: Luo ensin yksi ja näppäinyhdistelmällä **Ctrl + D** voit duplikoida objekteja.

6. Muotoile kuutioista kaksi laattaa (suorakulmiota), joiden päälle eri materiaaleja sisältävät pallot pudotetaan.

7. Aseta toisen laatan fysiikkamateriaaliksi **Mud** ja toisen **Rubber**. Asettele neljä palloa kummankin levyn yläpuolelle oheisen kuvan mukaisesti.

Vihje: Asettele ensin neljä palloa toisen laatan yläpuolelle ja valitse pallot Hierarchy-ikkunassa Vaihto-näppäin (Shift) pohjassa. Kopioi **Ctrl + D** ja siirrä kopioiden paikka toisen laatan yläpuolelle

8. Valitse **Hierarchy**-ikkunassa Vaihto-näppäin pohjassa kaikki pallo-objektit ja lisää niihin komponentiksi **Rigidbody**. Rigidbody tarvitaan, jotta pallot putoavat.

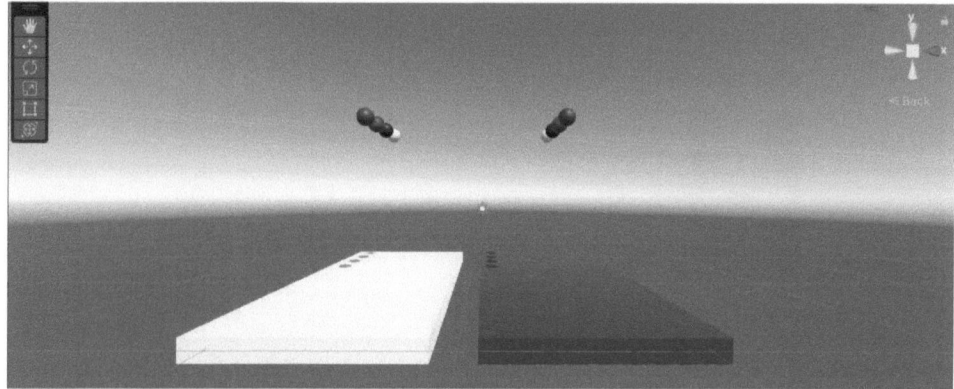

9. Lisää palloihin erilaisia fysiikkamateriaaleja ja muita materiaaleja.

10. Tallenna scene ja testaa **Play**-modessa. Rubber-materiaalin sisältävä pallo pomppaa parhaiten. Mud-materiaalin laatasta ei mikään kappale juurikaan pomppaa.

Tavoitteet:

- Opit luomaan objekteja prefabeista.
- Opit luomaan mm. räjähdyksen Unityn partikkelisysteemillä.

Prefabit

Prefab on assettityyppi, joka toimii eräänlaisena mallina peliobjektille. Kun halutaan käyttää samanlaisilla ominaisuuksilla rakennettua peliobjektia useita kertoja tai niitä tarvitaan useita kappaleita, kannattaa peliobjektista tehdä **prefab**. Esimerkiksi monimutkaisesta vihollisobjektista kannattaa tehdä prefab. Prefabeilla saadaan helposti aikaan vaikkapa vihollisarmeija. Prefabista voidaan luoda uusia objekteja pelin suorituksen aikana. Esimerkiksi ammusprefabista saadaan toistuvasti uusi ammus samoilla ominaisuuksilla. Myös scenen ulkoasuun tarkoitetut assetit, jotka eivät vaikuta pelin toimintaan, on käytännöllistä toteuttaa prefabina. Prefabien käyttöön liittyy seuraavia käsitteitä.

- **Prefab** on malli jollekin assettityypille. Se näkyy **Hierarchy**-ikkunassa vaaleansinisenä kuutiona ja voidaan poistaa Hierarchysta.
- **Instanssi** (Instance), eli **ilmentymä** on todellinen objekti, joka on luotu prefabista. Instanssi näkyy Scene-ikkunassa. **Play**-modessa prefabista luodut instanssit näkyvät suorituksen ajan vaalean sinisinä kuutioina **Hierarchy**-ikkunassa.
- **Instantiate** ('instantieitata'), kun prefabista luodaan uusi instanssi, niin se 'instantieitataan'.

Prefabin luominen

Ennen prefabien luomista kannattaa **Project**-ikkunan **Assets**-kansioon luoda alikansio *Prefabs*. Tämä selkeyttää työskentelyä, kun kaikki prefabit ovat samassa kansiossa. Itse prefabin luominen on varsin yksinkertaista. Raahaa prefabiksi muunnettavan objektin kuvake Hierarchy-ikkunasta **Project**-ikkunan *Prefabs*-kansioon. Uudelle prefabille annetaan nimi.

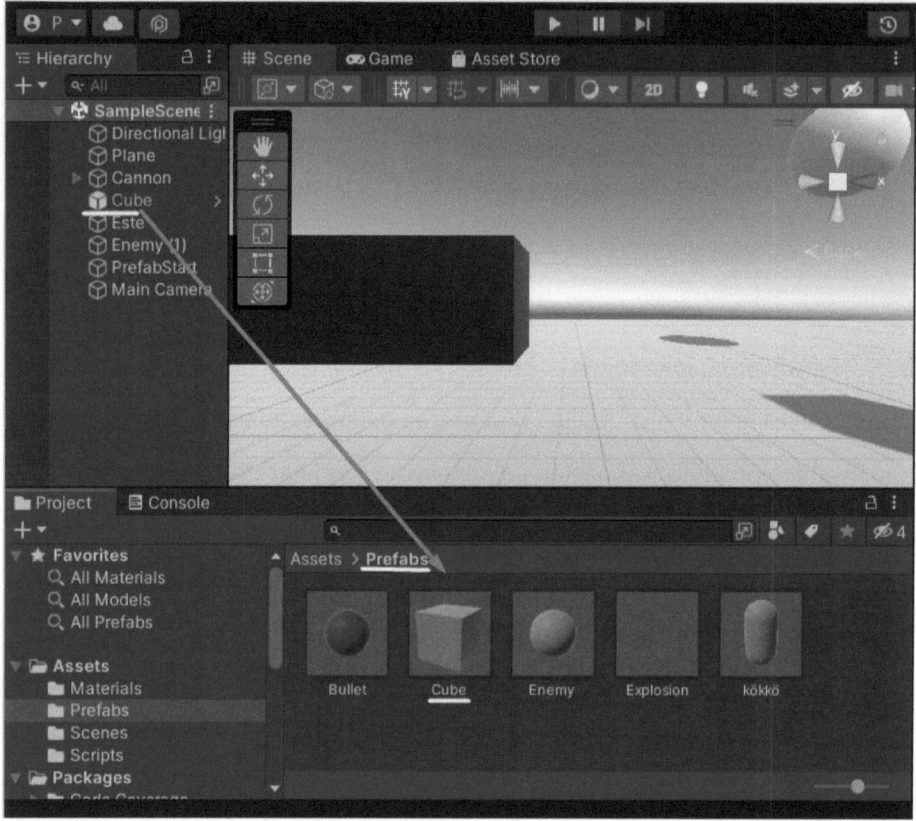

Kuva 59. Prefab luodaan vetämällä objekti hiirellä prefab-kansioon. Objektin voi poistaa hierarkiasta, jos siitä on tehty prefab.

Jos luot prefabin olemassa olevasta prefabista, Unity kysyy, luodaanko kokonaan uusi prefab vai luodaanko olemassa olevasta prefabista **variantti**. Variantti on prefab, joka on linkittynyt alkuperäiseen prefabiin, mutta variantilla voi olla lisäominaisuuksia, joita alkuperäisellä prefabilla ei ole. Esimerkiksi voi olla *lisko*, joka liikkuu maassa ja sille variantti *lentolisko*, jolla on lisäominaisuutena lentäminen.

Prefabin lisääminen sceneen

Prefabeja voidaan lisätä sceneen vetämällä prefab *Prefabs*-kansiosta joko suoraan sceneen tai **Hierarchy**-ikkunaan. Jos prefab lisätään Scene-ikkunaan, on sen paikka siinä, mihin se vedettiin. Jos prefab lisätään **Hierarchy**-ikkunaan, on sen paikka sama kuin prefabissa on asetettu.

Hyödyllisin tapa käyttää prefabeja on luoda niitä ohjelmakoodin avulla. Tällöin prefabista luodaan **instansseja** sceneen ohjelman suorituksen aikana. Tämä tehdään **Instantiate()** -metodilla. Alla on esitetty esimerkkikoodi instanssin luomisesta Start-metodissa. Esimerkissä luodaan yksi objekti prefabista paikkaan **(0,0,0)**. Koodin toimintaa voidaan testata luomalla jonkin prefab (*myPrefab*) ja koodaamalla oheinen koodi.

```
public class InstantiationExample : MonoBehaviour
{
    // Viittaus prefabiin. Tähän kenttään prefab lisätään Inspectorissa.
    public GameObject myPrefab;

    // Tämä koodi instantieittaa yhden prefabin Startissa.
    void Start()
    {
        // Instantieitataan paikkaan (0, 0, 0) ja rotaatio nolla.
        Instantiate(myPrefab, new Vector3(0, 0, 0), Quaternion.identity);
    }
}
```

Koodi liitetään komponentiksi **Empty**-objektiin. Prefab pitää lisätä Empty-objektin Inspectorissa public-näkyvyysmäärellä esiteltyyn

Kuva 60. Prefab asetetaan My Prefab -kenttään.

GameObject-tyypin muuttujan **My Prefab** -kenttään. Instantiate-metodista on useita eri versioita, jotka eroavat parametrien osalta. Koodiesimerkissä käytettiin perusversiota, jossa *myPrefab* on luotava Object-tyyppinen prefab, *position* on objektin paikkavektori ja *Quatermion.identity* määrää prefabin rotaation eli asennon. **Quaternioneita** käytetään esittämään rotaatioita ja *identity*-ominaisuus asettaa rotaation maailman koordinaatiston akseleiden mukaisesti.

Harjoitus 7A. Tank 0.2, ampuminen

Kehitetään edellä harjoituksessa 5 kehitettyä **Tank**-projektia. Lisätään tankille
ampuminen. Ammus tuhotaan sopivan ajan jälkeen.

1. Avaa Harjoituksessa 5 luotu Tank-projekti.

2. Luo tankki-objektille tykinpiipun päähän uusi **Empty** lapsiobjekti ja nimeä
   se *Muzzle*-nimiseksi. **GameObject – Create Empty**. *Muzzle*-objektin avulla
   luodaan ammuksia.

3. Asettele *Muzzle*-empty tarkasti Tankin tykinpiipun päähän, ulkopuolelle
   hieman piipun suuaukon eteen.

4. Vedä Hierarchy-ikkunassa Muzzle-objekti tankin Cannon-objektin
   lapsiobjektiksi. Nyt Muzzle-objektin transformin position arvot ovat
   suhteessa Cannon-objektiin.

5. Voit säätää vielä Muzzle-objektin
   paikan suhteessa Cannon-objektiin
   Muzzlen Inspectorissa **Position** -kentän
   arvoilla.

6. Lisää sceneen uusi **3D**-objekti **Sphere (Scale**: 0.2,0.1,0.2), nimeä objekti **Projectile**-nimiseksi. Tästä tehdään tankille ammus. Koko on hyvä varmistaa, että se vastaa suunnilleen putken halkaisijaa.

7. Lisää **Projectile**-objektiin **Rigidbody**-komponentti. Poista Rigidbody-komponentista valinta kohdasta **Use Gravity**, jotta ammus lentää suoraan.

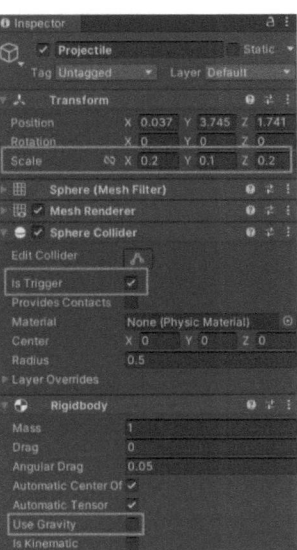

8. Aseta Projectile-objektin **Sphere Collider**-komponentissa **Is Trigger**, jolloin ammus ei reagoi törmäyksiin mutta tunnistaa törmäyksen ja lähettää 'triggerin'.

9. Luo uusi materiaali *Materiaalit*-kansioon. Aseta sille jokin kirkas, ammukselle sopiva väri, ja lisää se materiaaliksi **Projectile**- objektiin.

Päivitetään seuraavaksi aiemmin harjoituksessa 5 koodattuun **PlayerControls**-skriptiin muutama *public*-muuttuja sekä ammuksen luomiseen tarvittava koodi.

10. Avaa **Scripts**-kansiosta *PlayerControls* -skripti **Visual Studioon**.

11. Lisää alussa olevien luokan muuttujien perään kolme *public*-muuttujaa. Näiden arvoja asetetaan Inspectorissa. Lisää myös ampumisaikalaskurimuuttuja.

```
public Transform muzzle; // tähän liitetään muzzle
public GameObject projectile; // tähän liitetään ammus
public float shootingDelay; //ampumisen viive
private float t; // ampumisaikalaskuri
```

12. Aseta **Start**-metodiin ampumisaikalaskurin alkuarvo nollaksi.

    t = 0f;

13. Lisää **FixedUpdate** -metodin yläpuolelle **Update**-metodi, jossa luodaan
    hiiren vasemmalla (ykkös) painikkeella ammus. Ammus ei vielä tässä
    vaiheessa liiku. Liikevoima annetaan sitten eri skriptissä

```
void Update()
  {
   if (t <= 0) // jos aika on kulunut niin voi ampua
   {
    if (Input.GetMouseButtonDown(0))
     { //Luodaan ammus Muzzlen paikkaan ja suuntaan
      Instantiate(projectile, muzzle.position, muzzle.rotation);
      t = shootingDelay;
     } //if
   } //if
   else
   {
    t -= Time.deltaTime; //vähennetään aikaa
   } //else
  } //Update
```

14. Tallenna koodi (Ctrl+S) Visual Studiossa ja siirry Unityyn.

15. Valitse **Tank**-objekti Hierarchy-ikkunasta ja lisää seuraavat asiat

    Inspectorissa **Player Controls -**
    komponentin kenttiin.

    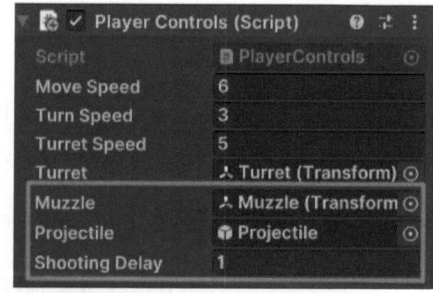

    a) Vedä hiirellä **Prefabs**-
       kansiosta **Projectile**-prefab
       Projectile-kenttään.

    b) Vedä hiirellä **Muzzle**-
       objekti hierarkiasta **Muzzle**-kenttään.

    c) Voit säätää **Shooting Delay**-kentän arvoa. Yksi sekunti vaikuttaa
       sopivalta.

Tallenna Tankki-projekti tässä vaiheessa. Testaa vielä **Play**-modessa. Nyt tankin pitäisi ampua 'projectileja', mutta ne eivät vielä liiku. Tehdään siis vielä yksi **C#**-skripti **Shoot**, jolla ammus saadaan liikkumaan ja tuhottua tietyn ajan jälkeen, ellei se osu johonkin kohteeseen.

16. Luo **Scripts**-kansioon uusi **C#**-skripti nimellä *Shoot*. Liitä *Shoot*-skripti **Projectile**-prefabiin komponentiksi.

17. Koodaa Shoot-skriptiin seuraava koodi.

```csharp
public class Shoot : MonoBehaviour
{
    public float speed; // ammuksen nopeus
    public float time;  // tähän ammuksen elinaika
    private Rigidbody rb; // ammuksen rigidbody tähän
    private float t; // ammuksen elinaikalaskuri
    private void Start()
    {
        t = time;
        rb = GetComponent<Rigidbody>();
        // ammuksen nopeus rigidbodyn avulla
        rb.velocity = transform.forward * speed;
    }
    void Update()
    {
        t -= Time.deltaTime;
        if (t < 0)
        {
            Destroy(gameObject); //räjähdys luodaan myöhemmin
        }
    }
}
```

18. Tallenna skripti ja siirry Unityyn. Aseta **Projectile**-prefabin Inspectorissa *Shoot*-skriptin kentän arvot esimerkiksi **Speed = 10** ja **Time = 1**. Voit kokeilla myös muita arvoja.

19. Tallenna scene ja testaa Play-modessa. Nyt ammuksen pitäisi lentää ja tuhoutua Time-ajan jälkeen.

Tallenna Tankki-projekti, koska sitä kehitetään edelleen seuraavassa harjoituksessa.

Particle Systems

Particle System simuloi erilaisia visuaalisia efektejä emittoimalla eli lähettämällä pieniä kuvia tai mesh-partikkeleita. **Particle System** on komponentti, joka tuottaa uusia objekteja, partikkeleita. Partikkeleiden ulkoasua, liikenopeutta, väriä yms. voidaan säätää monipuolisesti. Particle Systemsillä voidaan luoda muun muassa tuli, suihkumoottori, savukiehkurat, sade, räjähdys. Efekteissä luotavat partikkelit kuormittavat

Kuva 61. Particle Systemsillä voidaan simuloida esimerkiksi nuotio.

prosessoria ja vaativat grafiikalta suorituskykyä. Siksi useimmat partikkelit ovat 2D - billboard-kuvia. **Billboard** on kaksiulotteinen litteä kuva ja sen suunta on aina kameraan päin. Näin saadaan aikaiseksi vaikutelma kolmiulotteisesta efektistä.

Particle Systems, luonti

Particle System voidaan luoda sceneen kahdella tavalla:

1. Luodaan Particle System -objekti (**GameObject – Effects – Particle System)** tai

2. Liitetään olemassa olevaan objektiin particle System -komponentti (**Add Component – Effects – particle System**).

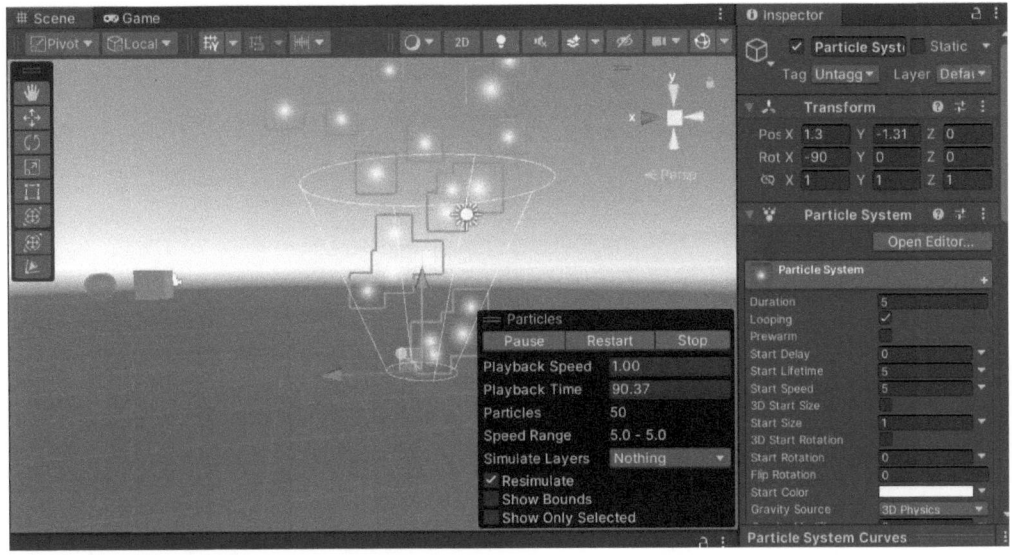

Kuva 62. Particle Systems -animaatio näkyy scenessä. Säätöjä voi tehdä Particles-ikkunassa.

Heti luonnin jälkeen partikkelisysteemi emittoi oletuspartikkeleita. Scene-ikkunaan

avautuu **Particles**-ikkuna, josta animaation voi pysäyttää (Stop), käynnistää uudelleen

(Restart) ja asettaa tauolle (Pause). Animaation nopeutta voidaan säätää.

Monimutkaisempia animaatioita saadaan, kun yhdistetään useita **Particle Systems** -

objekteja. Tämä onnistuu liittämällä hierarkiassa partikkeleita lapsiobjektiksi toiseen

partikkeliobjektiin.

Particle Systems -objektin inspector-ikkuna

Particle Systems -objektia voidaan säätää monin eri tavoin. Inspectorin Particle System -

ikkunassa on valtaisa määrä erilaisia asetuksia. Tässä yhteydessä käsitellään vain

muutama asetus, jolla saadaan selvitettyä **Particle Systemsin** perustoimintoja.

- **Duration**, systeemin toiminta-aika.
- **Looping**, systeemi aloittaa uudelleen, jos valittuna.
- **Start Delay**, aloituksen viivästys.
- **Start Lifetime**, partikkelien 'elinaika'.

- **Start Speed**, partikkeleiden aloitusnopeus.

- **Start Color**, partikkeleiden väri alussa.

- **Play On Awake**, jos valittuna, niin animaatio alkaa automaattisesti, kun objekti luodaan.

- **Max Particles**, maksimimäärä luotavia partikkeleita. Kun määrä saavutetaan, poistetaan aiempia partikkeleita.

Particle Systemsin sisältää Main moduulin lisäksi lukuisan joukon muitakin moduuleja: **Emission, Shape, Velocity over Lifetime** jne. Moduulien valinnat on kutistettu. Valinnat saadaan näkyviin hiirellä klikkaamalla.

Palataan vielä seuraavassa harjoituksessa Tankki-pelin kehittämiseen. Lisätään seuraavaksi ammuksen räjähdys. Käytetään harjoituksessa Assets Storesta saatavia upeita räjähdyksiä.

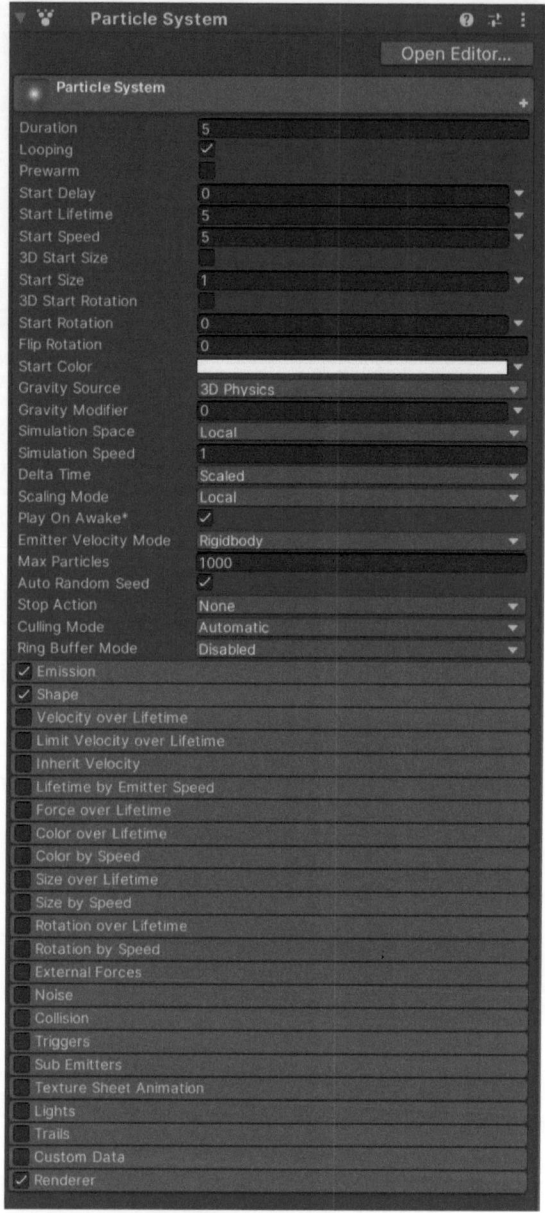

Kuva 63. Particle System -valintaikkuna Inspectorissa.

Harjoitus 7B. Tankki versio 0.3, ammuksen räjähdys

Kehitetään aiemmissa harjoituksissa luotua Tank-projektia ja lisätään siihen **Unityn Asset Storesta** löytyvä **Unity Particle Pack**. Tämä paketti sisältää muum muassa erilaisia räjähdyksiä, leimahduksia, jään sulamisen.

1. Avaa edellisessä harjoituksessa rakennettu **Tank**-projekti.

2. Valitse **Window – Asset Store** ja hae Asset Storessa "**Unity Particle Pack**"

   ja lataa se projektiisi.

   Tankki-pelissä tarvittava räjähdys on

   pitkän kansiopolun takana nimellä

   BigExplosion (katso kansiopolku

   oheisesta Asset-kansion kuvasta:

   Assets-Unity Technologies-

   ParticlePack-EffectExamples-Fire&ExplosionEffects-Prefabs).

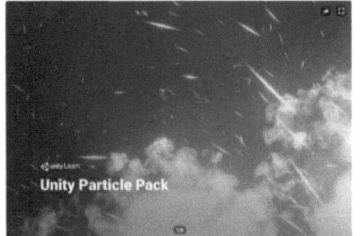

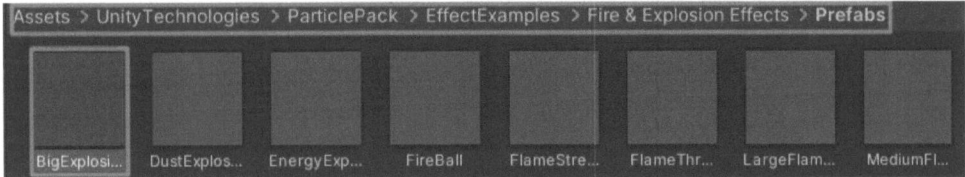

3. Avaa **BigExplosion** prefabi tuplaklikkaamalla

   kuvaketta. Räjähdys prefabi rakentuu

   useasta yhdistetystä Particle Systems -

   objektista, joista kaikista pitää poistaa

   Looping-valinta Inspectorissa.

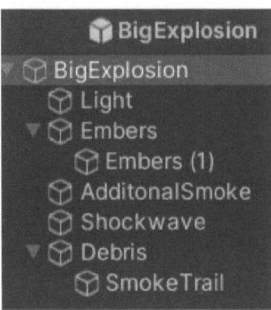

   1. Valitse hierarkiassa vuorollaan

      jokainen objekti ja lapsiobjekti **BigExplosion**, **Light**, **Embers**,

      AdditionalSmoke…jne. Poista niistä kaikista **Looping**-valinta.

      Anna muiden asetusten olla ennallaan.

4. Palaa **BigExplosion** -prefabin muokkaaamisen jälkeen takaisin sceneen

   klikkaamalla hierarkiaikkunan

   nuolisymbolia. Räjähdys-prefabi ei

   tarvitse muita muutoksia. Luodaan

   seuraavaksi ammuksen räjähdys.

5. Lisää sceneen "harjoitusvihollinen". Se voi olla tässä tavallinen kuutio. Eli **GameObject – 3D Object – Cube**.

6. Valitse **Cube**-objekti ja lisää siihen Inspectorissa tagi "**Enemy**". Enemy-tagi pitää ensin lisätä **Tag**-valikosta valitsemalla **Add Tag…**

7. Lisättyäsi "Enemy"-tagin aseta se Cube-objektille. Tällä tagilla ammus saadaan tunnistamaan Enemy.

8. Tee **Cube**-objektista **prefabi**. Vedä se siis hierarkiasta Asset-ikkunan **Prefab-kansioon**.

9. Lisää **Cube**-prefabeja sceneen vetämällä niitä eri puolille scene Prefab-kansiosta. Voit luoda muitakin **3D**-objekteja ja tehdä niistä prefabeja. Muista asettaa kaikille "vihollisille" **Enemy**-tagi.

10. Kuutiot eivät vielä reagoi ammuksen osumaan, mutta tehdään seuraavat lisäykset *Shoot*-skriptiin. Lisätään koodin alkuun julkinen GameObject-muuttuja explosion

   ```
   public GameObject explosion;
   ```

11. Lisää *Shoot*-skriptin loppuun uutena metodina seuraava **trigger**-metodi.

```
private void OnTriggerEnter(Collider other)
{
 Instantiate(explosion, rb.position, other.transform.rotation);
 if (other.gameObject.CompareTag("Enemy"))
 {
  Instantiate(explosion, other.transform.position,
other.transform.rotation);
  Destroy(other.gameObject); // tuhotaan kohde
  } //if
Destroy(gameObject); //tuhotaan ammus
} //OnTriggerEnter
```

12. Tallenna skripti (Ctrl+S) . Koodi suoritetaan, kun **Projectile**-objektin **triggeri** tunnistaa törmäyksen johonkin toiseen objektiin. **Explosion**-prefab instantietitataan osumakohtaan. Jos osuma on tullut "Enemy"-tagilla merkittyyn objektiin, tuhotaan enemy sekä ammus.

13. Palaa Unityyn ja avaa tuplaklikkaamalla **Projectile**-prefabi **Prefabs**-kansiosta.

14. Vedä **BigExplosion**-prefabi **Shoot**-skriptin **Explosion**-kenttään objektiksi.

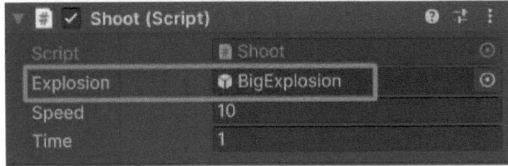

15. **Tallenna scene ja projekti**. Testaa **Play**-modessa. Nyt kaikkien "Enemy"-tagilla olevien objektien pitäisi tuhoutua räjähdyksellä tehostettuna.

Audio

Peli ilman ääniä on keskeneräinen. OIkea äänimaailma tekee pelikokemuksesta viihdyttävän ja helpottaa pelaamista. Unityn äänimaailma voidaan toteuttaa **2D**- ja **3D**-ääninä. Tyypillinen äänimaailma on 2D, joka toistaa äänen samalla voimakkuudella etäisyydestä huolimatta. 2D-ääniä käytetään esimerkiksi taustamusiikkina, valikoiden tehosteena ja varoitusääninä.

3D-äänen avulla voidaan luoda äänimaailmaan tilavaikutelmaa, jossa äänilähteen etäisyys vaikuttaa äänen voimakkuuteen. Näin saadaan aikaan realistisempi äänimaailma. Sillä voidaan simuloida vaikkapa *Doppler*-efekti.

Doppler-efekti on aaltoliikkeen taajuudessa, vaiheessa tai aallonpituudessa tapahtuva näennäinen muutos, kun äänilähde liikkuu suhteessa havaitsijaan. Esimerkiksi lähestyvän auton ääni kuulostaa korkeammalta kuin loittonevan auton. Ilmiön selitti Christian Doppler vuonna 1842. [Lähde: Wikipedia]

Äänen tuottamisen osat

Äänimaailman luontiin tarvitaan kolme asiaa:

- o   kuuntelija eli **Audiolistener**,

- o   äänilähde eli **Audiosource** ja

- o   äänitiedosto eli **Audio Clip**.

Toistovoimakkuus riippuu Audiolistenerin ja Audio Sourcen etäisyyksistä.

Audiolistener "kuuntelee" scenen tapahtumia. Kaikille peliobjekteille voidaan lisätä Audiolistener-komponentti. Oletuksena se on valmiina Main Camera-objektilla. Audiolistener-komponentissa ei ole muokattavia ominaisuuksia.

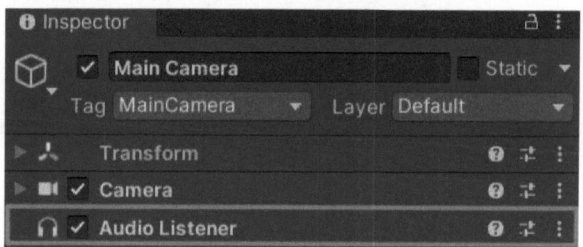

Kuva 64. Inspectorin Audio Listener -komponentti.

Audiolistener-komponentteja saa olla scenessä vain yksi. Jos liität Audiolistener-komponentin johonkin toiseen objektiin, pitää se poistaa Main Camerasta.

Äänen tuottamiseen tarvitaan **Audio Source** -komponentti, joka voidaan liittää mihin tahansa objektiin. Audio Source-komponentti toistaa siihen liitetyn Audio Clipin. **Audio Clip** tuodaan Unityyn äänitiedostona samoin kuin muutkin assetit. Unityssä voi käyttää useita erilaisia äänitiedostoja, mutta suositeltavia muotoja ovat yleisesti käytetyt ääniformaatit kuten **WAV**, **MP3** ja **Ogg Vorbis**.

WAV-tiedostot ovat yleensä paras valinta, kun halutaan varmistaa, että äänenlaatu on korkea. Niiden tiedostokoko on kuitenkin suurempi kuin muiden formaattien, joten niitä kannattaa käyttää harkiten. **Ogg Vorbis** on toinen yleinen ääniformaatti, joka tarjoaa hyvän kompromissin äänenlaadun ja tiedostokoon välillä. Se kannattaa valita, jos haluaa ladata paljon äänitiedostoja ja välttää liian suuria tiedostokokoja. Äänitiedostojen koko ja käyttö vaikuttavat pelin suorituskykyyn, joten tiedostokokoja ja käytettyjä formaatteja on harkittava tarkkaan pelin suunnittelussa.

Äänitehosteiden luominen

Unity-pelin äänitehosteita ja taustamusiikkia voidaan luoda erilaisilla ohjelmistoilla. Tässä yhteydessä ei näiden ohjelmistojen käyttöön perehdytä. Yksi kokeilemisen arvoinen äänieditori voisi olla avoimen lähdekoodin **Audacity**, jonka voi ladata internetistä.

Valmiita äänitehosteita ja taustamusiikkia on internetistä ladattavissa sekä ilmaisia public domain tiedostoja että maksullisia. Esimerkiksi osoitteesta *https://www.themotionmonkey.co.uk/free-resources/retro-arcade-sounds/* on ladattavissa pakattuna (zip) tiedostona useita erilaisia äänitehosteita, joita voi käyttää luvallisesti omissa peleissään **CC0-lisenssillä.**

Myös Unityn **Asset Storesta** voidaan ladata äänitehosteita ja musiikkia omaan peliin.

> **CC-lisenssit**
>
> **Internetistä** asseteja ladattaessa on aina huomioitava **tekijänoikeudet.** Creative Commons eli CC-lisensseillä määritellään, miten materiaalia saa käyttää. Esimerkiksi **CC0**-lisenssillä tekijä on luopunut kaikista oikeuksistaan ja materiaali on vapaasti käytettävissä. CC-lisensseitä saat tarkempaa tietoa osoitteesta https://creativecommons.fi/

Harjoitus 7C. Tank versio 0.4, äänet

1. Avaa **Tank**-projekti, jota on kehitetty aiemmissa harjoituksissa.

2. Lataa Unityn **Asset Storesta Free Game Music Collecyion paketti** ja lisää se projektiin. Tässä paketissa on taustamusiikiksi sopivia tiedostoja.

3. Tarvittavia räjähdysääniä voi etsiä internetistä hakusanoilla *"explosion sound"* tai *"bomb sound"*. Ladataan tässä osoitteesta *https://www.themotionmonkey.co.uk/free-resources/retro-arcade-sounds* saatavilla oleva zip-tiedosto. Tiedosto tulee purkaa omalle koneelle kansioon. Tee esimerkiksi **Effects**-niminen kansio ja pura paketti sinne. Kansioista voit kopioida wav-tiedostoja omaan projektiin. Paketissa löytyy erilaisia äänitehosteita erilaisiin tilanteisiin. Räjähdysääniä on **Explosions**-kansiossa.

4. Tee Tank-projektin Assets-kansioon alikansio *Sounds*.

5. Lisää tarvittava äänitiedosto assetteihin. Vedä **Explosions**-kansiosta **wav**-alikansiosta esimerkiksi **Explosion1**-tiedosto Tankki-projektin Sounds-kansioon

Koodataan ominaisuus, jolla pelin **taustamusiikki** voidaan asettaa päälle ja pois M-näppäimellä. Sopiva taustamusiikki löytyy projektiin ladatusta **Free Game Music Collection**-paketin **Action Music**-kansiosta, esimerkiksi *Track 5*. Voit valita jonkun muunkin.

6. Lisää sceneen **empty**-objekti **GameObject – Create Empty**. Nimeä empty **BGSound**-nimiseksi.

7. Valitse BGSound-empy hierarkiasta ja lisää Inspectorissa siihen **Audio Source**-komponentti.

8. Vedä **Action Music**-kansiosta **Free Action Track 5** audioklippi **BGSound** -objektin **Audio Source**-komponentin **AudioClip** -kenttään.

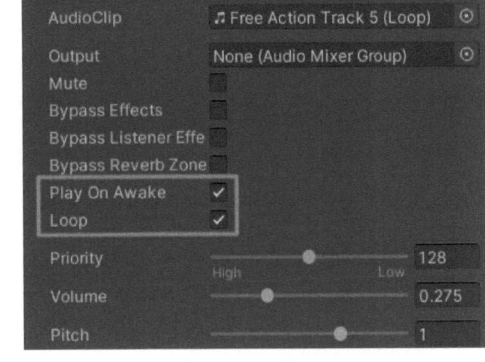

9. Tarkista, että **Play on Awake** sekä **Loop** ovat valittuina.

10. Testaa scene **Play**-modessa. Säädä Audio Source-komponentin Volume-asetus sopivaksi taustamusiikille.

    Huom! Voit testata audioklippiä myös suoraan Scene-ikkunan yläreunan valintapainikkeista klikkaamalla Toggle audio on/off.

11. Lisää seuraavaksi **C#**-skripti, jolla taustamusiikki saadaan päälle ja pois **M**-näppäimellä. Luo Scripts-kansioon uusi **C#**-skripti ja nimeä se *BGMusicController*. Koodaa seuraava skripti ja tallenna.

```csharp
public class BGMusicController : MonoBehaviour
{
    public AudioClip backgroundMusic; // Taustamusiikin äänitiedosto
    private AudioSource audioSource;
    private void Start()
    {
        // Hae AudioSource-komponentti
        audioSource = GetComponent <AudioSource>();
        // Aseta taustamusiikki äänilähteeksi
        audioSource.clip = backgroundMusic;
        // Aloita taustamusiikin toisto
        audioSource.Play();
    } //Start
```

```
    private void Update()
    { // Tarkista, onko pelaaja painanut "m"-näppäintä ja kytke musiikki
päälle/pois
        if (Input.GetKeyDown(KeyCode.M))
        {
            if (audioSource.isPlaying)
            {
                audioSource.Pause(); // Pysäytä musiikki
            } //if
            else
            {
                audioSource.UnPause(); // Jatka musiikin toistoa
            } //else
        } //if
    } //Update
} // class
```

12. Tallenna skripti ja liitä skripti **BGSound**-emptyyn komponentiksi.

13. Lisää Inspectorissa **BG Music Controller** -komponentin **Background Music** -
    kenttään **Free Action Track 5** -wav-tiedosto Action Music-kansiosta (tai jokin
    muu mielestäsi sopiva).

14. Tallenna scene ja testaa **Play**-modessa. Sulje Play-mode testin jälkeen.

Räjähdysäänen lisääminen on varsin yksinkertaista. Käytetään räjähdysäänenä
Sounds-kansiosta löytyvää **Explosion1** -wav-tiedostoa. Toistetaan räjähdysääni
aina, kun räjähdys-prefabi instantieitataan.

15. Valitse asseteista alikansiopolusta **Assets – Unity Technologies – ParticlePack
    – EffectExamples – Fire&Explosion Effects – Prefabs** ja valitse **BigExplosion** -
    prefab.

16. Lisää BigExplosion -prefabiin **AudioSource** -komponentti.

17. Lisää Inspectorissa **AudioSource** -komponentin **AudioClip** -kenttään **Explosion1** 'klippi'. Saat lisättyä sen kentän oikean reunan pyörylästä klikkaamalla ja listasta valitsemalla.

18. Tallenna scene ja testaa äänet **Play**-modessa.

19. Tallenna Tankki-projekti. Lisätään siihen seuraavassa harjoituksessa vielä helppo vihollisgeneraattori ja yksinkertainen UI.

LUKU 8: VALOT JA KAMERAT

> **Tavoitteet:**
>
> - Opit säätämään scenen valaistusta
> - Tutustut kahden kameran käyttöön.

Valot

Unityssa valaistus voidaan luoda kahdella tavalla. Ensinnäkin valaistus voidaan laskea jokaisen framen aikana (Real-time lightning) tai valaistusominaisuudet voidaan laskea etukäteen ja tallentaa (Lightmap). Real-time -valaistus simuloi paremmin luonnollisia valaistusominaisuuksia, kuten heijastuksia ja varjoja, verrattuna Lightmap-tekniikkaan. Real-time -tekniikka kuluttaa kuitenkin enemmän tietokoneen laskentatehoa.

Light-objekti ja Light-komponentti

Rakenna sceneen **kuvan 65** mukainen testiympäristö esimerkiksi kahdesta kohtisuoraan asetetusta **Plane**-objektista, **Cube**- ja **Cylinder**-objekteista. Lisää jokin materiaali Cubeen ja Cylinderiin. Asettele kamera siten, että scene näkyy kokonaisuudessaan kameranäkymässä. Tällä testiympäristöllä voit tutkia erilaisia valaistustyyppejä.

Oletuksena scenessä on objekti **Directional Light**, johon on liitetty **Light**-komponentti. Light-objekteja voidaan lisätä kuten peliobjektejakin valitsemalla **GameObject – Light**.

Valikossa on valittavissa erityyppisiä Light-objekteja:

- o **Directional Light** on hyvä valinta esimerkiksi auringonvalon simuloimiseen. Valo-objektin sijainnilla ei ole vaikutusta. Directional Light saa aikaan peliobjektien varjot. Scenen 'tunnelmaa' voi säätää muuttamalla valon väriä Color-kentästä. Esimerkiksi kirkas päivä tai pimeä yö saadaan sopivilla väriasetuksilla.

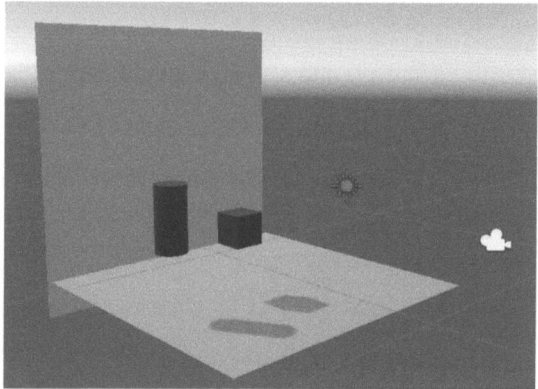

Kuva 65. Directional Light.

- o **Point Light** on pistemäinen valo, joka säteilee kaikkiin suuntiin. Valon sijainti vaikuttaa varjojen paikkaan ja voimakkuuteen. Point Light heikkenee etäisyyden kasvaessa ja sen säteilyaluetta säädetään **Range**-arvolla. **Intensity**-asetus vaikuttaa valon voimakkuuteen. Sopiva valaistus saadaan tilanteeseen sopivaksi kokeilemalla.

○ **Spot Light**, muodostaa valonheittimen
kaltaisen valaistuksen. Säädettävissä
valaistusetäisyys (Range), valon voimakkuus
(Intensity), valospotin kulma (Spot Angle)

Kaikissa valaistustyypeissä on samoja asetuksia,
kuten valon väri (**Color**) ja varjojen tyyppi (**Shadow
Type**). Valaistusasetuksiin ei ole yleistä sääntöä, vaan
ne on säädettävä silmämääräisesti kulloiseenkin
tilanteeseen sopiviksi.

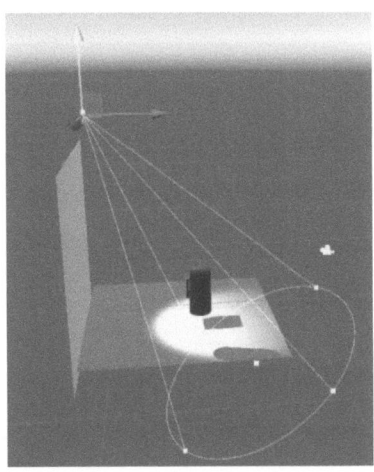

Kuva 66. Spot Light.

Light-komponentti

Mihin tahansa valittuun objektiin voidaan liittää Light-komponentti klikkaamalla
Inspectorissa **Add Component - Rendering – Light**. Objekti ei kuitenkaan hehku ja loista
valoa, vaan se säteilee ympärilleen ja valaisee esimerkiksi muita objekteja. Light-

komponentissa on **Draw Halo** -
valintaruutu, jolla valoon saadaan
valokehä. Valokehän suuruus asetetaan
valitsemalla **Window – Rendering –
Lighting**. Lighting- valintaikkunan
Environment-välilehdessä **Other Setting** -
ryhmässä on **Halo Strength** -liukusäädin.

Tallenna testiympäristö, koska sitä
käytetään vielä kameroiden toimintojen
testaamiseen.

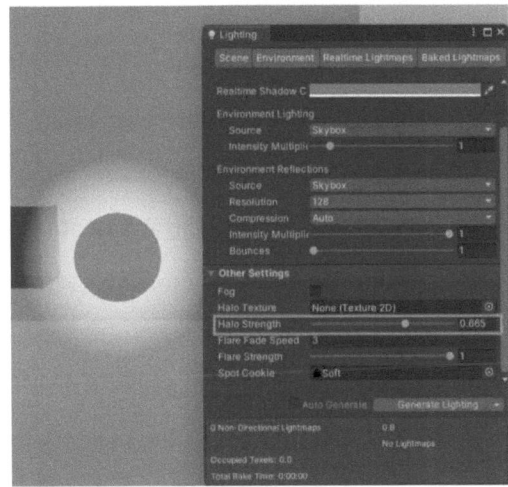

*Kuva 67. Light-komponentin Halo-efektin
voimakkuussäädin.*

Kamerat

Kameran välityksellä pelaaja näkee pelimaailman.

Scenessä on oletuksena mukana aina kamera,

Main Camera. Kameroita voidaan lisätä sceneen,

kuten muitakin objekteja valitsemalla

GameObject – Camera.

Kamera-objektin Inspectorissa on **Transform**-,

Camera- ja **Audio Listener** -komponentit. Jos

scenessä on useita kameroita, saa vain yhdessä

kamerassa olla Audio Listener -komponentti.

Camera-komponentissa on useita eri asetuksia,

joista tässä muutama selitettynä:

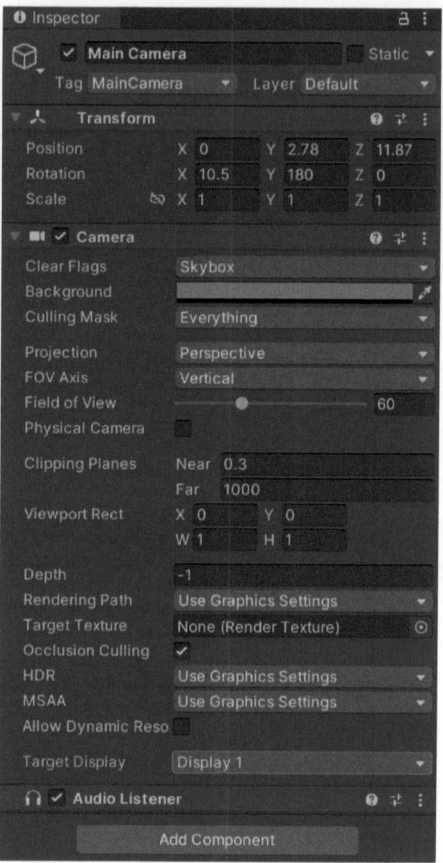

- o **Clear Flags**, kameranäkymä tyhjillä

  alueilla, oletuksena Skybox, valittavissa

  myös väri.

- o **Background**, taustaväri.

- o **Projection**, kuvan renderöinti joko

Kuva 68. Camera-komponentin asetukset Inspectorissa.

  perspektiivillä tai orthogonaalisesti (ei

  perspektiiviä). **3D**-peleissä käytetään perspektiiviä, kun taas 2D-peleissä

  orthogonaalinen kameranäkymä on sopiva.

- o **Viewport Rect**, neljä arvoa, joilla määrätään kameranäkymän paikka peli-

  ikkunassa. Mitat ovat välillä 0 – 1.

- o **Depth**, määrittää useamman kameran sovelluksessa kameroiden prioriteetin.

  Suurempi Depth-luku näytetään ensin.

Harjoitus 8A. Kaksi kameraa

Tutkitaan erilaisia kamera-asetuksia valojen yhteydessä luodussa testiscenessä. Ellet tallentanut sitä, niin luo vastaava scene, jotta kameroiden käytön testaaminen on havainnollisempaa.

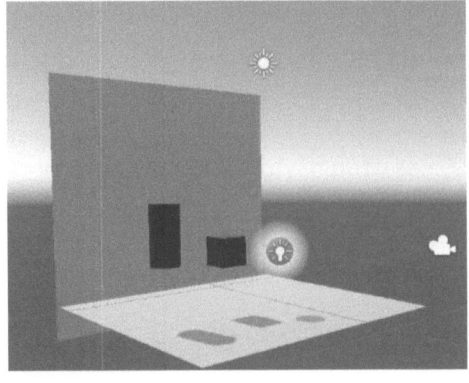

Useita kameroita

Jos scenessä on useita kameroita, asettuu näkymä siihen kameraan, jonka **Depth**-arvo

Kuva 69. Kameroiden testaamista varten luodaan testiscene.

on suurin. Testataan seuraavaksi kameranvaihtoa **Play**-modessa.

1. Lisää sceneen uusi kamera valitsemalla **GameObject – Camera**.

2. Aseta uuden kameran Transformissa **Position**- ja **Rotation**-arvot siten, että näkymä tästä kamerasta on erilainen kuin Main Camerasta.

3. Suorita scene **Play**-painikkeella, niin näkymä on uudesta kamerasta, koska sen Depth on 0.

4. Vaihda **Main Cameran Depth** arvoon **1** Play-modessa, jolloin kuva vaihtuu tähän kameraan.

5. Pysäytä Play-mode suorittaminen.

   Unityn **Consoleen** ilmestyy huomautus kahdesta **Audio Listener** -komponentista. Huomautuksen saa pois deaktivoimalla eli poistamalla ruksin toisen kameran Audio Listener -komponentista

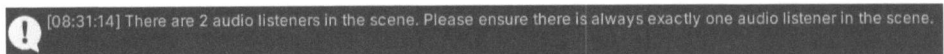

Jaettu näkymä

Näyttökuvaa voidaan jakaa osiin. Se tehdään jakamalla kuva vasemman alakulman pisteestä (0,0) oikean yläkulman pisteeseen (1,1) halutun kokoisiin osiin. Nämä vastaavat **Camera**-komponentin **Viewport Rect** arvoja (X,Y) ja (W,H).

Scenessä on edellisen kokeilun jäljiltä kaksi kameraa; Main Camera ja Camera.

1. Aseta **Main Cameran Depth** arvoon -1 ja **Viewport Rect** arvot **X=0,Y=0, W=1** ja **H=0.5**.

2. Aseta **Cameran Depth** arvo myös **-1**. **Viewport Rect** arvot **X=0, Y=0.5**, jotta kuva asettuu näytön puoleen väliin. **W=1** ja **H=0.5**.

3. Testaa toiminta **Play**-modessa. Molempien kameroiden kuva on jaetussa näytössä.

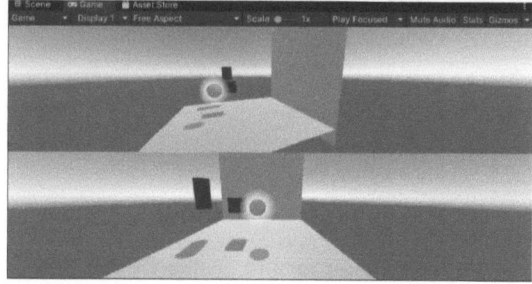

Kuva kuvassa, PIP

Kuva kuvassa (Picture in picture) toteutus saadaan kahdella kameralla. PIP-kameraa voi käyttää esimerkiksi autopelissä, jossa taustapeilinäkymä näytetään pikkuruudussa. Jatketaan testiscenen kameroiden asettelua ja tutkitaan PIP-toiminto.

1. Aseta **Main Camera Depth = -1** ja ja **Viewport Rect** arvot **X=0, Y=0** ja **W=1, H=1**.

2. Aseta **Cameran Depth = 0**, **Viewport Rect X=0.65, Y= 0.65** ja **W=0.3, H=0.3**.

3. Testaa scene **Play**-modessa. Camera-näkymä on näytön oikeassa yläreunassa.

Voit muutella Viewport Rect -asetuksia ja tutkia erilaisia kameroiden sijoitteluja.

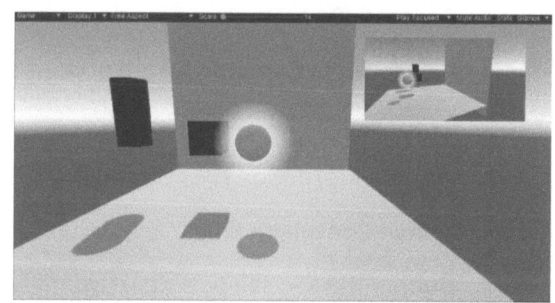

Kamera seuraa objektia, C#-skripti

Kamera voidaan liittää lapsiobjektiksi Player-objektiin. Tällöin kamera saadaan seuraamaan ja kääntymään Player-objektin mukana. Tämä ratkaisu toimii joissakin tilanteissa aivan hyvin, mutta siinä on tiettyjä rajoitteita. Jos esimerkiksi Player-objektin transformin rotate kääntyy x- tai z-akselin suhteen, niin kuvakulmakin kaatuu 'kyljelleen'. Jos objekti, johon kamera on lapsiobjektina poistetaan niin myös lapsiobjekti eli kamera poistetaan. Ongelma ratkaistaan koodaamalla skripti, jolla kameran **transform** ja **rotaatio**

saadaan seuraamaan Player-objektia ilman, että se liitetään lapsiobjektiksi Playerille.

Toteutus on varsin yksinkertainen. Määritetään kameran ja seurattavan objektin välille

sopiva etäisyys (**offset**) ja etsitään seurattava peliobjekti. Tallennetaan peliobjektin sijainti

vektorimuuttujaan.

Harjoitus 8B. Kameroiden hallinta C#-skriptillä

Valitaan valo- ja kamera testiscenestä kameraksi **Camera**, joka laitetaan seuraamaan

vaikkapa **Cube**-objektia.

1. Luo uusi **C#**-skripti nimellä *CubeLiikkuja* ja avaa se **Visual Studioon**.

2. Koodaa oheinen **C#**-skripti ja liitä se **Cube**-objektiin komponentiksi:

```
public class CubeLiikkuja : MonoBehaviour
{
    public float nopeus = 5f; // Määritä liikkumisnopeus
    void Update()
    {
      float horizontal = Input.GetAxis("Horizontal");
      float vertical = Input.GetAxis("Vertical");
      Vector3 liike = new Vector3(horizontal, 0f, vertical) * nopeus *
Time.deltaTime;
      transform.Translate(liike);
    }
}
```

3. Luo seuraavaksi uusi **C#**-skripti ja nimeä se *CamFollower*. Liitä skripti Camera-
   objektille komponentiksi. Skriptin toimintaperiaate selviää kommenteista.

```
public class CamFollower : MonoBehaviour
{
    //kamera asettuu tälle etäisyydelle seurattavasta objektista
    //arvot x, y ja z voit asettaa Inspectorissa, koska public
    public Vector3 offset = new Vector3(0f, 1f, 3f);
    //viittaus seurattavan objektin transformiin
    private Transform _target;
    // Start is called before the first frame update
```

```
    void Start()
    {
        //etsitään scenestä Cuben transform ja tallennetaan _target
        _target = GameObject.Find("Cube").transform;
    } //Start
    void LateUpdate() //suoritetaan aina heti Updaten jälkeen
    {
      //kamera asettuu offset-arvon etäisyydelle
        this.transform.position = _target.TransformPoint(offset);
        //käännetään kameran rotaatio objektiin
        this.transform.LookAt(_target);
    } //LateUpdate
  } //class
```

Muuttujassa _target on alussa alaviiva, koska ilman alaviivaa **Visual Studio** -editorin automaattitäydennys ehdottaa muita funktioita.

4. Tallenna CamFollower-skripti ja testaa **Play**-modessa. Nyt **Cameran** pitäisi asettua Cube-objektin taakse ja kuvan pitäisi näkyä **PIP**-näkymän pikkuruudussa.

5. Voit testata sceneä tarkastelemalla samanaikaisesti editorinäkymää ja kameranäkymää. Vaihda **Toolbarin** oikeasta reunasta **Default**-näkymä **2 by 3**-näkymäksi, jolloin näet sekä **Scene**- että **Game**-näkymän. Siirrä ja pyöritä työkalurivin **Move**- ja **Rotate**-työkaluilla **Cube**-objektia scene-näkymässä. Huomaat, että kamera **Camera** seuraa **Cube**-objektia ja se nähdään pikkuikkunassa.

Kameranvaihto

Tehdään vielä **C#**-skripti, jolla voidaan vaihtaa kameranäkymää määrättyä näppäintä painamalla. Tällä tavalla voidaan vaihtaa näkymää esimerkiksi yhden persoonan -näkymästä (**FPS** = First Person Shooter) kolmannen persoonan näkymään (Third Person). FPS-pelissä näkymä havaitaan pelaajan näkökulmasta. Kolmannen persoonan pelissä tilanteet nähdään taustakatsojan silmin ulkopuolelta katsottuna.

Jatketaan edellä luodulla testiympäristöllä, jossa on valmiina muutamia 3D-objekteja ja kaksi kameraa; **Main Camera** ja **Camera**. Kameranvaihto toteutetaan **enabloimalla** eli asettamalla päälle ja **disabloimalla** eli ottamalla pois päältä kameroita.

1. Nimeä selvyyden vuoksi kamerat esimerkiksi **Cam1** ja **Cam2**.
2. Palauta molempien kameroiden **Viewport Rect** arvot **X=0**, **Y=0** ja **W=1**, **H=1**.
3. Luo uusi **Empty-objekti (GameObject – Empty)** ja nimeä se **CamSwitch** -nimiseksi.
4. Luo uusi **C#**-skripti, nimeä se *CamFlipFlop* ja liitä se **CamSwitch**-objektiin. Tallenna skripti.

```csharp
public class CamFlipFlop : MonoBehaviour
{   // viittaukset kameroihin
    public Camera cam1;
    public Camera cam2;
    // Start is called before the first frame update
    void Start()
    {
        //alustuksessa kamera Cam1 on aktiivinen
        cam1.enabled = true;
        cam2.enabled = false;
    } //Start


    // Update is called once per frame
    void Update()
    {
        //C-näppäimellä vaihdetaan aktiivista kameraa
        if (Input.GetKeyDown(KeyCode.C))
        { // ! operaattori vaihtaa totuusarvon
            cam1.enabled = !cam1.enabled;
            cam2.enabled = !cam2.enabled;
        } //if
    } //Update
} //class
```

5. Palaa Unityyn ja vedä hiirellä Hierarchy-ikkunasta **Cam1**- ja **Cam2** -objektit Inspectoriin *CamFlipFlop*-skriptin **Cam1**- ja **Cam2** -kenttiin.

6. Suorita scene klikkaamalla **Play**. Aluksi on valittuna Cam1 näkymä. Näppäilemällä
    C-näppäintä kamerakuva vaihtuu Cam2:een.

LUKU 9: UI, KÄYTTÖLIITTYMÄ

Tavoitteet:

- Tutustut käyttöliittymän elementteihin
- Opit lisäämään Canvas-objektin ja käsittelemään ankkureita.
- Opit lisäämään taustakuvan canvakseen.
- Opit lisäämään painikkeen ja liittämään siihen toiminnon.
- Opit luomaan yksinkertaisen käyttöliittymän.

User Interface, UI

UI eli User Interface on erityinen kokoelma komponentteja, joilla luodaan peliin
käyttöliittymä. Käyttöliittymän avulla peli viestittää pelaajalle pelin tilanteista ja toisaalta
pelaaja voi tehdä peliin tarvittavia valintoja ja asetuksia. UI elementtejä ovat esimerkiksi
tekstikentät (Text Mesh Pro), **painikkeet** (Button) ja **kuvat** (Image).

Canvas

Canvas on UI:n rakentamisen peruselementti. Kaikki UI:iin lisättävät tekstikentät,
painikkeet yms. lisätään lapsiobjekteiksi **Canvas**-objektiin. **Canvas** lisätään valitsemalla
GameObject – UI – Canvas. Se näkyy scenessä erittäin suurena suorakulmiona. Sen saa
näkyviin zoomaamalla scene-ikkunan erittäin pieneksi. Kun **Canvas** lisätään sceneen, niin
Hierarchy-ikkunaan ilmestyy myös **EventSystem** -objekti. **EventSystem** -objekti huolehtii
mm. UI:ssä olevien painikkeiden ja valikoiden tapahtumien tunnistuksesta.

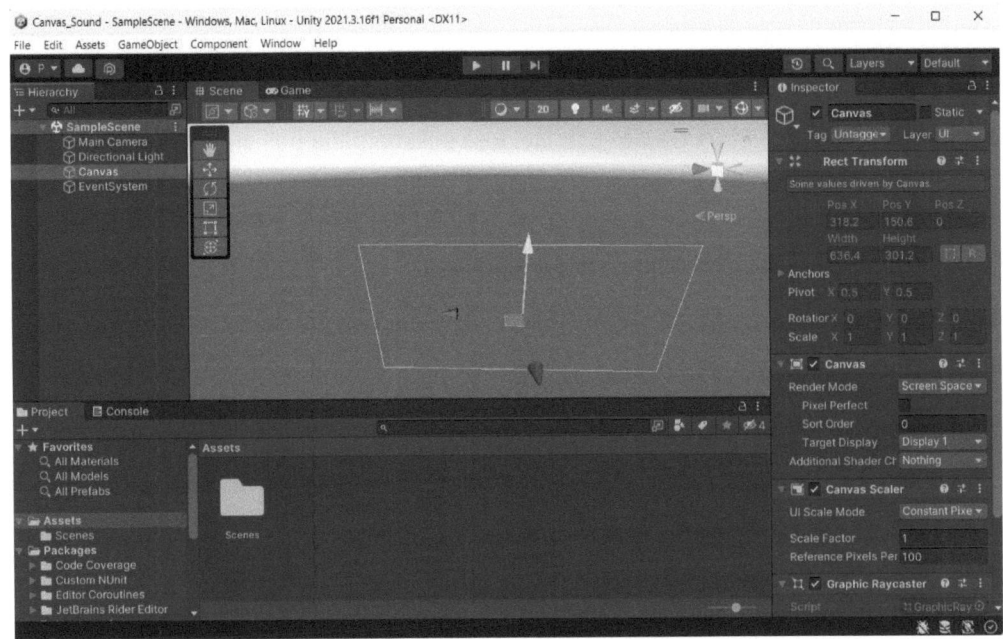

Kuva 70. UI, Canvas-objekti on suurikokoinen suorakulmio.

Rect Transform

Canvas-objektilla on Inspectorissa tavallisen 3D Transfomin sijasta **Rect Transform** -komponentti. Rect on lyhenne sanasta **Rectangle** (suorakulmio). **Rect Transformin** avulla voidaan asettaa ja skaalata **2D** UI-elementtejä käyttöliittymään niin, että ne toimivat monilla eri laitteilla.

Ankkurit, Anchors

UI:iin lisättävien elementtien paikka ja koko määritellään niihin liitetyillä **ankkureilla**. Kun ikkunan kokoa muutetaan, niin ankkurit määrittävät elementtien paikan ja koon suhteessa uuteen ikkunan kokoon. Seuraavassa harjoituksessa lisätään uusi **Canvas** ja siihen eri **UI-elementtejä**.

Harjoitustehtävä 9. Tank versio 0.5, UI

Jatketaan harjoituksessa 7 päivitettyä **Tank**-projektia ja lisätään siihen uusi scene.

Tehdään uuteen sceneen **Start Game** -painike, jota klikkaamalla peli aloitetaan..

1. Avaa Tankki-projekti ja lisää siihen uusi scene, **File – New Scene.**

2. Tallenna scene nimellä *Aloitus*, **File – Save As...**

3. Lisää sceneen uusi canvas, **GameObject – UI – Canvas.**

4. Lisää Canvakseen image-elementti (kuvaelementti) **GameObject – UI – Image.**
   Zoomaa näkymää niin, että näet koko Canvaksen (suorakulmion). Voit vaihtaa
   scenen **2D**-tilaan, jolloin UI:n hahmottaminen on helpompaa. Canvaksella sekä
   kaikilla UI-elementeillä on **Rect Transform**-komponentti.

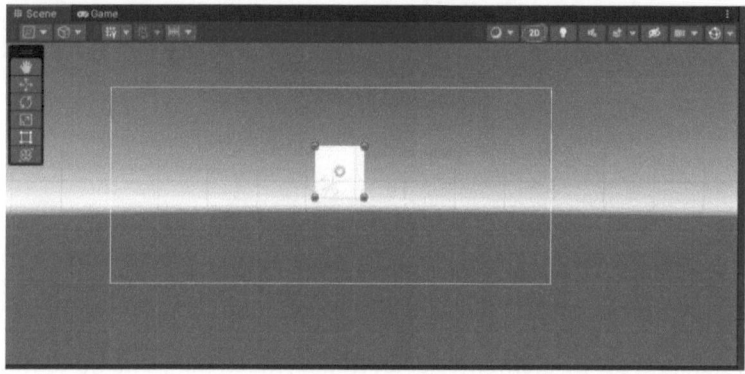

5. Raahaa hiirellä image-elementtiä canvaksen eri paikkoihin. Huomaa, että
   scenessä näkyy image-elementin **pivotpisteen** (sininen ympyrä elementin
   keskellä) etäisyys **ankkureista** (pienet tasakylkiset kolmiot, huiput vastakkain).
   Huomioi myös Inspectorin Rect Transform -arvojen muuttuminen.

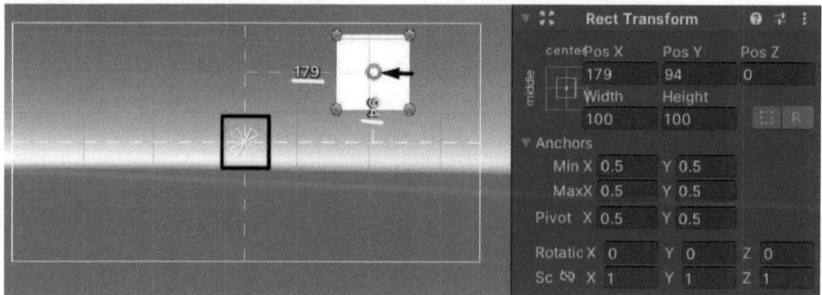

Jokaisella **UI**-elementillä on **ankkurit, Anchors**, joilla määrätään elementin paikka canvaksessa. Kun peli-ikkunan kokoa muutetaan, määräytyy ankkureiden avulla elementtien uusi paikka ja koko.

6. Siirrä **ankkurit** erilleen canvaksen eri kulmiin hiirellä vetämällä. Huomioi Rect Transformin arvojen muuttuminen.

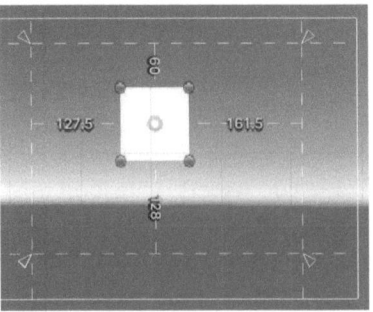

Ankkurit kiinnittävät UI-elementin pivot-pisteen suhteessa ankkureihin. Jos canvaksen koko muuttuu, niin elementin koko muuttuu samassa suhteessa. Voit kokeilla tämän vetämällä hiirellä canvaksen reunasta.

7. Valitse Image-kuvaelementti hiirellä klikkaamalla.

8. Klikkaa Inspectorissa **Anchor**-painiketta , jolloin aukeaa **Anchor Presets** - valikko. Valikosta voit asettaa Pivot-pisteen esiasetuksien mukaisesti. Pitämällä **Vaihto** (Shift)-näppäin pohjassa saadaan ankkurit asetettua esiasetettuihin kohtiin. Pitämällä **Alt**-näppäin pohjassa myös kuvaelementti asettuu esiasetuksen mukaisesti.

9. Aseta **UI**:ssa oleva kuvakomponentti taustalle koko canvaksen kokoiseksi. Klikkaa **Alt**-näppäin pohjassa **Anchor Presets** -valikosta **Stretch**-sarakkeesta oikeanpuoleista alimmaista valintaa. Tällä saat asetettua ankkurit canvaksen reunoihin ja myös image-elementti laajenee mukana.

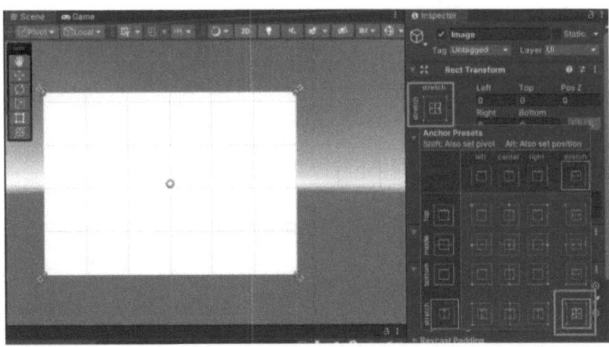

10. Valitse image-elementissä näytettävä kuva. Se voidaan hakea esimerkiksi **CCSearch** (https://search.creativecommons.org/) kuvahaulla. **Huomioi kuvien käytössä tekijänoikeudet.** Tähän löytyi sopiva tankki-aiheinen kuva Wikipediasta.

11. Luo **Assets** -kansioon uusi kansio nimellä *Images*. Tallenna kuva suoraan *Assets – Images* -kansioon. **Jpeg-** ja **png**-kuvat pitää muuttaa **sprite**-tyyppiseksi. **Sprite** on **2D**-peleissä käytetty kuvatyyppi. Vaihto sprite-tyyppiin on helppoa.

12. Valitse kuva *Images*-kansioista. Valitse Inspectorin **Texture Type**-valikosta **Sprite (2D and UI).** Klikkaa vielä alhaalla olevaa **Apply**-painiketta Inspectorissa.

    Lisätään canvaksen Image-komponenttiin Sprite-kuva

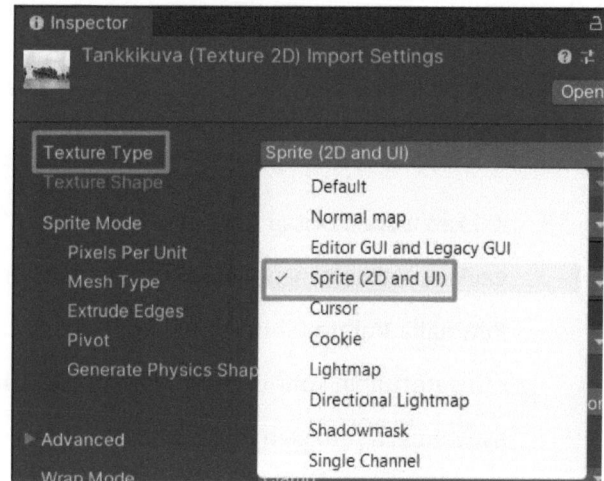

13. Valitse äsken tallennettu ja muunnettu sprite-kuva Inspectorin **Image**-komponentissa klikkaamalla **Source Image** -kentän ympyränappia. Kuvan pitää siis olla sprite.

    Voit ladata ja valita muunkin aloituskuvan canvakseen, mutta se pitää tallentaa **Images**-kansioon. Sprite kuvan pitää olla **.png**-tyyppinen. Kuva tulee muuttaa **Assets**-kansioon tallentamisen jälkeen Inspectorissa **Sprite**-kuvaksi.

Unityn vanha **Text**-komponentti on korvattu uudella **TextMeshPro**-komponentilla. Ensimmäisellä lisäyskerralla tulee **TMP-Importer**-ikkunaan huomautus erinäisten lisäosien lisäämisestä. Hyväksy tämä klikkaamalla **Import TMP Essentials** sekä **Import TMP Examples & Extras.**

14. Valitse **GameObject - UI – Text-TextMeshPro.** Nimeä tekstiobjekti *gameTitle*.

15. Tekstielementin paikkaa voi asetella scenessä hiirellä raahaamalla tai Inspectorissa Anchor Presets- valikosta. Oheisessa kuvassa tekstielementti on asetettu keskelle ylös ja siirretty hiirellä hieman alaspäin.

Tekstin asetukset ovat Inspectorin **TextMeshPro**-komponentissa. Input-kenttään voidaan syöttää oletusteksti, esimerkiksi "TANK BATTLE". Inspectorissa voidaan asetella **TextMeshPro** -elementin fonttia, fontin kokoa ja väriä sekä tekstin tasausta. Tekstielementin asetukset ovat tuttuja esimerkiksi tekstinkäsittelyohjelmista.

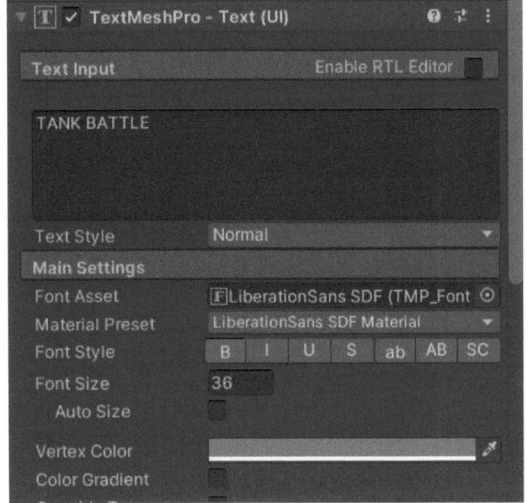

Start Game-koodi ja Button -elementti

16. Lisää *Aloitus*-sceneen tyhjä objekti. Valitse **GameObject – Create Empty.** ja nimeä se **UIControl.**

17. Koodaa seuraavaksi uusi **C#**-skripti ja nimeä se *StartGame*. Liitä *StartGame* -skripti **UIControl**-objektiin komponentiksi. Koodaa skriptiin oheinen koodi ja tallenna.

```
using UnityEngine;
using UnityEngine.SceneManagement;//scenejen hallinta
public class StartGame : MonoBehaviour
{
    public void Aloita()
    {

        SceneManager.LoadScene("SampleScene");

    }
}
```

Huomaa, että **SceneManagement** otetaan käyttöön omalla **using**-rivillään. Koodissa ei tarvita **Start**- eikä **Update**-metodeja. **Aloita()**-metodia kutsutaan Button-elementin painalluksella.

18. Palaa Unityyn ja lisää uusi **Button** -elementti Aloitus-sceneen. **GameObject – UI – Button (Text Mesh Pro)**.

19. Nimeä painike *Start*-nimiseksi Hierarchy-ikkunassa.

20. Vaihda **Inspectorissa** sen **Text(TMP)**-lapsiobjektille tekstiksi  esim. *Start Game*. Asettele painike sceneen sopivaan kohtaan canvasta.

21. Vaihda painikkeen ja painiketekstin väriä haluamaksesi Inspectorissa.

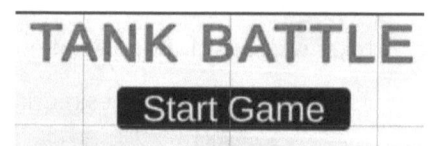

22. Valitse **Start** -objekti (painike) **Hierarchy**-ikkunasta (kuvassa kohta 1) ja lisää Inspectorissa sen **On Click()** kenttään (kuvassa kohta 2) uusi tapahtuma klikkaamalla ⊞ -ikonia.

23. Vedä **Hierarchy**-ikkunasta **UIControl** -objekti (kuvassa kohta 3) **On Click()** -tapahtuman objekti-kenttään (kuvassa kohta 4).

24. Valitse funktiolistasta (kuvassa kohta 5) **StartGame** (kuvassa kohta 6) ja edelleen sen alivalikosta **Aloita()**-funktio (kuvassa kohta 7).

Painikkeen klikkaus kutsuu **UIControl**-objektiin liitetyn **StartGame**-luokan **Aloita()**-metodia. Metodissa kutsutaan **SceneManager**-luokan **LoadScene** -metodia, joka lataa parametrina annetun scenen, tässä siis "SampleScene" -scenen.

Build Settings-valintaikkunassa valitaan esimerkiksi pelin julkaisualusta, johon peli 'buildataan'. Valintaikkunassa voidaan myös muuttaa scenejen järjestystä. Listassa ensimmäisenä oleva scene näytetään pelin aloituksessa. Pelin 'buildaaminen' tehdään myöhemmin. Tässä yhteydessä lisätään vain scenet haluttuun järjestykseen. Lisätään ensin scenet oikeassa järjestyksessä **Build Settings** -valikkoon.

25. Lisää molemmat scenet (Aloitus ja SampleScene) **Build Settings** asetuksiin. Valitse **File – Build Settings.**

26. Vedä ensin Aloitus-scene **Scenes in Build** -kenttään. Vedä sen alle Sample scene. Varmista, että Aloitus-scene on ensimmäisenä ja SampleScene toisena.

27. Sulje **Build Settings**.

28. Tallenna scene ja testaa painikkeen toiminta **Play**-modessa.

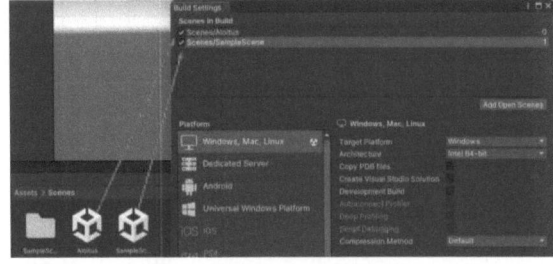

Aloitus-sceneen voit lisätä esimerkiksi tietoa tekijästä, taustamusiikin ja päälle/pois painikkeen musiikille. Muista tallentaa Tank-projekti jatkokehitystä varten.

LUKU 10: PELILLISTÄMINEN, PELIN KONTROLLOINTI, HUD

Tavoitteet:

- Tutustut pelillistämisen periaatteisiin.
- Opit pelin keskitettyä kokonaishallintaa GameManagerilla..
- Opit HUDin eli Head Up Displayn rakentamisen sceneen.

Pelin käsikirjoituksessa, juonen rakentamisessa ja kenttien toteuttamisessa on tärkeää huomioida **pelillistäminen**. Pelillistämisellä tarkoitetaan sitä, että peliin saadaan elementtejä ja tapahtumia, joilla pelaaja kokee positiivisia tunteita ja sitoutuu jatkamaan pelaamista eteenpäin tai yrittämään uudelleen. Peliin saadaan pelillisyyttä asettamalla pelaajalle esimerkiksi jokin tavoite saavutettavaksi. Tällaisia tavoitteita voivat olla:

- **Pisteytysjärjestelmä, edistymispalkit**. Pelaajan tulee kerätä scenessä tietty määrä pisteitä voidakseen edetä seuraavaan sceneen.

- **Tasot, bonuspisteet, kunniamerkit, palkinnot**. Pelaaja voi alussa valita haluamansa vaikeustason. Hyvistä suorituksista voi saada bonuspisteitä tai palkintoja, esimerkiksi alle tavoiteajan suoritetusta kentästä saa palkinnon. Palkinto voi olla lisäpisteitä, taikavoimaa, energiaa, suojakilpi.

- Hyvällä **tarinalla** tai **juonen kululla** pelaaja saadaan sitoutettua ja jatkamaan pelaamista.

- Mielenkiintoinen, **viihdyttävä grafiikka ja pelihahmot** lisäävät pelin viihdearvoa.

Pelin suunnittelussa ja pelillistämisessä tulee huomioida kohderyhmä. Kenelle peli on tarkoitettu? Pienten lasten peleissä hahmojen ulkoasut, tarina sekä pelillistäminen on tehtävä aivan eri tavalla ja tavoitteilla kuin K-18 räiskintäpelissä.

Haastetta peliin

Kehitetään seuraavissa harjoitustehtävissä aiemmin rakennettuun **TANK**-projektiin pelillistäviä elementtejä. Lisätään peliin vihollistankkeja ja miinoja. Haasteena pelaajalle annetaan rajallinen aika. Pelaajan on yritettävä tuhota mahdollisimman monta **Enemy**-vihollistankkia aikarajan puitteissa. Jokaisesta tankista saa viisi pistettä. Lisäksi pelaajan on väisteltävä **Mine**-objekteja. Jos pelaaja törmää miinaan, vähenevät elämät yhdellä. Mine-objekteja ei pysty tuhoamaan ampumalla. Pelaajan pisteet ja aika näkyvät **HUD**:ssa (Head Up Display).

Harjoitustehtävä 10 A. Tank versio 0.6, Enemy ja Mine

Lisätään **Tank**-projektiin heti aluksi pelillistämisessä tarvittavia assetteja, **Mine**-objekti (miina) ja **Enemy**-objekti. Tehdään näistä prefabit. Pelikentän läpi kulkeneet **Enemy**-tankit ja **Mine**-objektit poistetaan pelikentän reunassa, jotta ne eivät jää kuormittamaan tietokonetta.

Enemy- prefab

Käytetään **Enemy**-objekteina **Cartoon Tank** -paketin mukana tulleita **Tankki**-prefabeja. Myös Mine-prefab on samassa kansiossa.

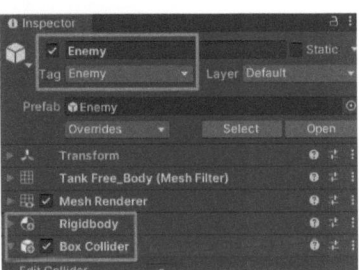

1. Avaa **Tank**-projekti ja valitse editoitavaksi **SampleScene**.
2. Poista mahdolliset ylimääräiset **Cube**- ja **Sphere**-objektit scenestä. Ne olivat vain testaamista varten.
3. Siirry kansioon **Assets-Cartoon_Tank_Free-CTF_Prefabs** ja vedä prefabeista esimerkiksi punainen **TankFree**-prefab hierarkiaan tai sceneen.
4. Nimeä punainen tankki **Enemy**-nimiseksi ja aseta sille myös *Enemy*-tagi.
5. Lisää Enemy-tankkiin Inspectorissa sekä **Rigidbody**- että **BoxCollider** - komponentit.

6. Avaa Project-ikkunasta aiemmin luotu kansio *Prefabs* ja vedä **Enemy**-objekti *Prefabs*-kansioon. Unity kysyy, luodaanko **uusi prefab** vai **variantti.** Valitse **Original Prefab.**

7. Poista **Enemy**-objekti hierarkiasta, koska niitä 'instantieitataan' prefabista pelin ajon aikana.

Enemy-skripti

Enemy-skripti on yksinkertainen. Nopeus vaihtelee satunnaisesti **Random**-funktion tuottamien arvojen välillä.

1. Luo uusi **C#**-skripti nimellä *Enemy* ja liitä se komponentiksi **Enemy**-prefabiin. Koodaa oheinen skripti *Enemy*-skriptiin.

```csharp
public class Enemy : MonoBehaviour
{
    private float breakPoint = 18f; // Enemyn poistokohta
    private float speed; // Enemyn nopeus
    private Rigidbody rb; // Enemyn rigidbody talteen
    private void Start()
    {
        speed = Random.Range(1f, 4f); //Satunnainen nopeus
        rb = GetComponent<Rigidbody>();
        rb.velocity = transform.forward * speed;
    } //Start
    void Update()
    {
        rb.velocity = transform.forward * speed;
        // Jos Enemy on kulkenut pelialueen reunaan, se poistetaan
        if (transform.position.z > breakPoint)
        {
            Destroy(gameObject);
        } //if
    } //Update
} //class
```

Mine-prefab

Käytetään **Mine**-objekteina **Cartoon Tank** -paketin mukana tulleita prefabeja, jotka ovat

CTF_Prefabs -kansiossa. Assets > Cartoon_Tank_Free > CTF_Prefabs

1. Siirry kansioon **Assets-Cartoon_Tank_Free-CTF_Prefabs** ja vedä prefabeista esimerkiksi vihreä **CTF_Mine_Green**-prefab Hierarhy-ikkunaan tai sceneen.

2. Nimeä vihreä miina **Mine**-nimiseksi.

3. Luo uusi tagi nimellä *Mine* ja aseta **Mine**-objektille *Mine*-tagi.

4. Lisää Mine-objektiin Inspectorissa sekä **Rigidbody**- että **BoxCollider** -komponentit.

5. Avaa **Project**-ikkunasta aiemmin luotu kansio **Prefabs** ja vedä **Mine**-objekti **Prefabs**-kansioon. Unity kysyy, luodaanko **uusi prefab** vai **variantti**. Valitse **Original Prefab**.

6. Poista Mine-objektin Hierarchy-ikkunasta, koska niitä 'instantieitataan' prefabista pelin ajon aikana.

Mine-skripti

Mine -skriptissä on enemmän toiminnallisuutta verrattuna **Enemy**-tankin skriptiin. **Mine**-skriptissä vähennetään pelaajan elämiä kutsumalla **GameManagerissa** olevaa **PlayerDied()** -metodia. Skriptausvaiheessa **Visual Studio** huomauttaa, että **PlayerDied()**-metodia ei ole. GameManager koodataan myöhemmin, niin virhekin poistuu.

1. Luo uusi **C#**-skripti ja nimeä se *Mine* -nimiseksi. Liitä skripti komponentiksi **Mine**-prefabiin. Koodaa seuraava skripti:

```
public class Mine : MonoBehaviour
{
    private float breakPoint = -19f; // Miinan poistokohta
    public GameObject explosion; // Räjähdys
```

```
    public float speed; // Miinan nopeus
    private Rigidbody rb; // Miinan rigidbody talteen
    private void Start()
    {
        rb = GetComponent<Rigidbody>();
    } //Start
    void Update()
    {
        // miinan nopeus on vastakkainen Enemy-tankkiin verrattuna
        rb.velocity = transform.forward * -speed * Random.Range(0.5f,3f);
        // Miina poistetaan, jos se on saavuttanut pelialueen reunan
        if(transform.position.z < breakPoint)
        {
            Destroy(gameObject);
        } //if
    } //Update
    private void OnCollisionEnter(Collision collision)
     {
        if (collision.gameObject.CompareTag("Player"))
         {
            // Vähennä pelaajan elämiä, luo räjähdys ja tuhoa miina
            GameManager.instance.PlayerDied();
            Instantiate(explosion, collision.transform.position,
            collision.transform.rotation);
            Destroy(gameObject);
         } //if
     } //OnCollisionEnter
} //class
```

2. Tallenna skripti.
3. Lisää sceneen hiirellä vetämällä Enemy- ja Mine-prefabit testausta varten.

4. Muuta kommentiksi *Mine*-skriptistä rivi `GameManager.instance.PlayerDied();` koska GameManageria ei ole vielä koodattu.

```
//GameManager.instance.PlayerDied();
```

5. Lisää **Inspectorissa Mine**-skriptiin **BigExplosion**-räjähdys prefabi sekä aseta **Speed**-arvo.

(Muista poistaa kommenttimerkit *PlayerDied()* -rivistä, kun GameManager-skripti on valmis.)

Pelin kontrollointi, GameManager

Useat pelin yleistoiminnot tulisi toteuttaa erillisenä tiedostona, jolloin toimintojen ylläpito ja päivitys on helpompaa. Unityssa on erityinen **GameManager** -skriptikomponentti tätä tarkoitusta varten. GameManagerilla toteutettavia tehtäviä voisi olla esimerkiksi:

- Pelin tilan hallinta (Game State): aloitus, pelaaminen, voitto, häviö.

- Vaikeustasojen kontrollointi (Level); siirtyminen tasojen välillä, vaikeusasteet.

- Resurssien hallinta: pisteenlasku, aikalaskurit, elämät, aseet.

Kun **C#**-skriptille annetaan Unityssa nimeksi *GameManager*, Unity luo skriptitiedoston kuvakkeeksi hammasratassymbolin. *GameManager* -skriptejä saa olla projektissa vain yksi. Tällaista tiedostoa kutsutaan nimellä **"Singleton"**. GameManager-komponentista voidaan tehdä **staattinen** muuttuja. Staattiseen muuttujaan voidaan viitata mistä tahansa toisesta tiedostosta ilman olion luontia. Tällä tavoin esimerkiksi GameManagerissa olevia metodeja voidaan kutsua suoraan staattisen muuttujan avulla.

Harjoitustehtävä 10 B. Tank versio 0.7, GameManager

Pelin hallinta ja tapahtumien kontrollointi keskitetään *GameManager*-skriptiin.

1. Luo **Scripts**-kansioon uusi C#-skripti nimellä *GameManager*. Unity vaihtaa tiedostokuvakkeeksi hammaspyörän.

2. Luo uusi tyhjä objekti **Game Object – Create Empty** ja nimeä se *GameManager* nimiseksi.

3. Liitä *GameManager*-skripti komponentiksi **GameManager** emptyyn.

GameManager-skriptistä tulee melko pitkä ja siinä on useita muuttujia ja metodeja. Esitetään seuraavassa skriptin metodien määrittelyt ja toimintojen kuvaukset.

4. Kirjoita *GameManagerin* koodi esitetyssä järjestyksessä. Koodin alkuun kirjoitetaan **using**-rivit.

```
using UnityEngine.SceneManagement; // Tarvitaan scenejen hallintaan
using TMPro; // Otetaan käyttöön TextMeshPro nimiavaruus
```

Nämä *using*-rivit tarvitaan scenen uudelleen lataamiseen, kun peli aloitetaan uudelleen. Teksti-objektien toteutukseen käytetään *TextMeshPro*-tekstiobjekteja ja niiden käyttäminen vaatii rivin *using TMPro*. Seuraavassa on GameManagerissa esiteltävät 17 muuttujaa. Muuttujan käyttötarkoitus on kuvattu kommentissa.

```
public class GameManager : MonoBehaviour
{
    public int score = 0; // Pelaajan pisteet
    public int lives = 3; // Pelaajan elämät
    public bool isGameOver = false; // Pelin päättyminen
    public float gameTime = 60f; // Peliaika sekunteina
    public float enemySpawnRate; // Enemyjen luontiviive
    public float xRange = 19f; // x-koordinaatin alue
    public TextMeshProUGUI scoreText; // Viittaus score tekstiobjektiin
    public TextMeshProUGUI livesText; // Viittaus lives tekstiobjektiin
    public TextMeshProUGUI timerText; // Viittaus timer tekstiobjektiin
    public GameObject gameOverPanel; // Lisätty pelin päättymisen paneeli
```

```
public GameObject restartButton; // Lisätty Restart Game -painike
public GameObject quitButton; // Lisätty Quit Game -painike
public static GameManager instance; // Luodaan staattinen muuttuja
public GameObject enemy; // Viittaus enemyprefabiin
public GameObject mine; // Viittaus mine-objektiin
public Transform spawnPoint; // Enemyjen luontipaikka
Vector3 spawnPosition; // x-,y- ja z-koordinaatit vektoriin
```

Ennen *Start*-metodia suoritetaan *Awake*-metodi, jossa pelin nopeus asetetaan Time-luokan **timeScale**-asetuksella normaaliksi. Tässä luodaan myös viittaus *GameManageriin* (*this*) nimellä *instance*.

```
// Awake suoritetaan ennen Start-metodia
private void Awake()
{
    Time.timeScale = 1f; // Peli pyörii normaalinopeudella
    instance = this; // Staattinen viittaus GameManageriin
}
```

Start-metodissa kutsutaan *UpdateTimerDisplay*-metodia ja päivitetään **timerText**. **SpawnPosition**-muuttuja määrää Enemyjen luontipaikan. Tässä asetetaan paikaksi *SpawnPoint*-emptyn paikka. Käynnistetään myös rinnakkaisrutiini eli **koruutini** (coroutine) *SpawnEnemies*, jolla ajastetaan **Enemyjen** sekä **Mine**-objektien luonti.

```
void Start()
{
    UpdateTimerDisplay(); // Alustetaan aikalaskuri
    spawnPosition = spawnPoint.position; // objekti lisätään lopussa
    // Kutsutaan enemyjen luontirutiinia
    StartCoroutine("SpawnEnemies");
}
```

Update-metodissa tarkistetaan pelitilaa **isGameOver** boolean-muuttujalla. Jos peliaikaa on jäljellä, vähennetään aikaa ja päivitetään aikalaskurin näyttö. Kun peli päättyy (**isGameOver == true**), siitä näytetään tieto ja **Restart**- ja **Quit**-painikkeet.

```csharp
    void Update()

    {

        if (!isGameOver)

        {

            // Aikaa jäljellä,peli käynnissä, tee tarvittavat päivitykset
            if (gameTime > 0)

            {

                gameTime -= Time.deltaTime;

                UpdateTimerDisplay();

            } //if

            else // Aika loppui

            {

                GameOver("Time out!");

            } //else

        } //if

        else

        {

            // Peli on päättynyt, näytä Paneeli, Restart ja Quit-painike
            gameOverPanel.SetActive(true);

            restartButton.SetActive(true);

            quitButton.SetActive(true);

        } //else

    } //Update
```

UpdateTimerDisplay-metodissa muutetaan sekunnit minuuteiksi ja sekunneiksi ja asetetaan **TimerText**-objektin **text**-muuttujan arvoksi.

```csharp
    void UpdateTimerDisplay()

    {

        // Päivitä aikanäyttö TextMeshProUGUI-komponentin avulla
        if (timerText != null)

        {

            timerText.text = "Time: " + Mathf.Floor(gameTime /
60).ToString("00") + ":" + (gameTime % 60).ToString("00");

        } //if

    } //UpdateTimerDisplay
```

SpawnEnemy-metodia kutsutaan *SpawnEnemies* **korutiinista**. Asetetaan x-koordinaatin arvo satunnaiseksi pelikentän leveyden mukaan. Instantieitataan sekä **Enemy**- että **Mine**-prefabeja pelikentän vastakkaisiin reunoihin. *Quaternion.identity* asettaa prefabille sen alkuperäisen rotaation.

```
// 'Spawnataan' enemy- ja mine-prefabeja luontipaikkaan
void SpawnEnemy()
{
    spawnPosition.x = Random.Range(-xRange, xRange);
    Instantiate(enemy,spawnPosition , Quaternion.identity);
    // Spawnataan myös miinoja toiseen reunaan pelialuetta
    // Arvotaan x-koordinaatti, jotta ei osu Enemy-tankin kohdalle
    spawnPosition.z *= -1f; // z-koordinaatin vastaluku
    spawnPosition.x = Random.Range(-xRange, xRange);
    Instantiate(mine, spawnPosition, Quaternion.identity);
}
```

IENumerator SpawnEnemies korutiini kutsuu *SpawnEnemy*-metodia. Korutiinin yhteydessä lauseella *yield return new WaitForSecond(2f);* saadaan rutiinille kahden sekunnin keskeytys, jonka jälkeen kontrolli palaa korutiinille. Tosin tässä rutiinille määritellään satunnaisesti vaihteleva viive *Random.Range* -satunnaisfunktion avulla. Korutiini on ohjelmoinnin rakenne, jolla voidaan suorittaa toimintoja hidastamatta tai pysäyttämättä ohjelman muuta toimintaa. Korutiineja hyödynnetään esimerkiksi animaatioissa, latausten hallinnassa, verkkopeleissä ja pitkäkestoisten toimien jakamisessa useiden framien aikana suoritettavaksi.

```
// Asetetaan enemyjen luontiin viivettä
IEnumerator SpawnEnemies()
{
    while (true)
    {
        yield return new WaitForSeconds(enemySpawnRate*
Random.Range(0.5f,2f));
        SpawnEnemy();
    }
}
```

AddScore-metodi lisää pelaajan pisteitä ja päivittää **scoreText**-objektin **text** -ominaisuutta. Metodi saa parametrina lisättävän pistemäärän *points*.

```
public void AddScore(int points)
{
    score += points;
    scoreText.text = "Score:"+score.ToString();
}
```

PlayerDied-metodi vähentää **lives**-muuttujan arvoa ja päivittää **livesText**-objektin **text**-ominaisuutta. Jos *lives*-muuttujan arvo menee nollaan, niin kutsutaan *GameOver*-metodia ja lähetetään metodille parametrina teksti *"You Died!"*.

```
public void PlayerDied()
{
    lives--;
    livesText.text = "Lives:" + lives.ToString();
    if (lives <= 0)
    {
        GameOver("You died!");
    }
}
```

RestartGame-metodi lataa **SampleScenen**, eli peli alkaa alusta uudelleen. Tätä kutsutaan, kun painetaan **Restart**-painiketta.

```
public void RestartGame()
{
    SceneManager.LoadScene("SampleScene");
}
```

GameOver-metodia kutsutaan, kun pelaajan elämät (lives) ovat nollassa tai peliaika (**gameTime**) on päättynyt. Booleanmuuttuja *isGameOver* saa arvon **true**, pelin tapahtumat pysäytetään *timeScale*-muuttujalla. Metodille välitetty parametri *msg* asetetaan **livesText**-objektin **text**-ominaisuuden arvoksi. **GameOverPanel** asetetaan näkyväksi ja samoin siinä olevat painikkeet.

```
    public void GameOver(string msg)
    {

        isGameOver = true;
        Time.timeScale = 0f; // Pysäytä tapahtumat
        livesText.text = msg;
    }
```

QuitGame-metodia kutsutaan **quitButton**-painiketapahtumasta. Koodissa on ensin ohjelman lopettaminen editorin Playmodessa. Toinen lopetustapa [Application,Quit()] toimii ainoastaan, kun peli on 'buildattu'. Buildaaminen tehdään myöhemmin.

```
    // Quit Game lopettaa ohjelman
    public void QuitGame()
    {
#if UNITY_EDITOR
        UnityEditor.EditorApplication.isPlaying = false;
#else
        Application.Quit();
#endif
    }
}
```

Tallenna *GameManager*-skripti. Jotta peli toimii, niin seuraavaksi on vielä tehtävä sceneen tarvittavat teksti-kentät sekä lisättävä *GameManager*-skriptiin **Inspectorin** kentiin tarvittavat objektit.

Harjoitustehtävä 10 C. Tank versio 0.8, HUD

Head Up Display (HUD) on graafinen käyttöliittymäelementti, joka näkyy pelinäkymässä. HUDin avulla pelaaja saa tietoja pelitapahtumista pelinäkymässä. **HUD** voi sisältää monenlaisia elementtejä riippuen pelin tyypistä ja tarkoituksesta. Tyypillisiä HUD-elementtejä voivat olla:

- **Pisteet ja tilastot:** Näyttää pelaajan pistemäärän, kerätyt pisteet, elämät, aika ja muut tilastot.

- **Elämäpalkki:** Näyttää pelaajan hahmon tai ajoneuvon elämäpalkin

- **Varusteet ja voimat:** Jos pelissä on kerättäviä varusteita tai voimia, HUD voi näyttää niiden tilan, kuten ammusmäärän, energian tai erityiskyvyn.

- **Minikartta:** Pieni kartta, joka näyttää pelaajan sijainnin ja mahdollisesti muita tärkeitä kohteita pelimaailmassa.

- **Ilmoitukset:** Tärkeät pelitapahtumat tai ilmoitukset voivat näkyä tilapäisesti HUDissa.

1. Lisää Tankki-pelin SampleSceneen uusi canvas **GameObject – UI – Canvas.** Nimeä Canvas **HUD**-nimiseksi

2. Lisää HUD-canvaksen alle **kolme TextMeshPro** tekstiobjektia ja nimeä ne *scoreText, livesText* ja *timerText*. Saat lisättyä ne suoraan Canvas-objektin alle klikkaamalla Hierarchy-ikkunassa oikealla painikkeella Canvas-objektin päällä ja valitsemalla pikavalikosta **3D Object – UI – Text -TextMeshPro.**

3. Lisää Canvaksen alle emptyobjekti **GameObject – Create Empty** ja nimeä se *GameOverPanel* -nimiseksi.

4. Lisää *GameOverPanel*in alle seuraavat objektit

   a. **TextMeshPro** tekstiobjekti ja nimeä ne *GameOverText*.

   b. Painike-objekti, **UI – Button-TextMeshPro,** nimeä painike *RestartButton*.

   c. Painike-objekti, **UI – Button-TextMeshPro,** nimeä painike *QuitButton*.

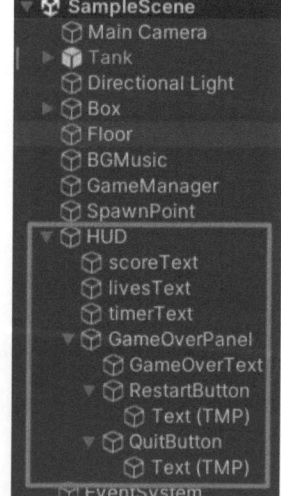

5. Asettele scenessä tekstiobjektit ja painikkeet mielestäsi sopiviin kohtiin Canvasiin. Asettelu on helpointa, kun asetat scene-näkymän **2D**-tilaan. Oheisessa kuvassa on esitetty vasemmalla Hierarchy-ikkunassa olevan objektin paikka canvasissa. Sitten on esitetty **tekstiobjektin** Text Input, esim. *Score:0*. Kuvassa näkyvät myös Button-objektien eli painikkeiden paikat, Text Input ja painikkeen **On Click**-tapahtumaan liitetty **GameManager**-objekti. Painikkeelle valitaan *GameManager*-skriptistä oikea funktio, esimerkiksi **Quit Game**-painikkeelle valitaan *GameManager.QuitGame* -funktio. Ohjeistus tekstiominaisuuksien ja funktioiden lisäämiseen on kuvan jälkeen.

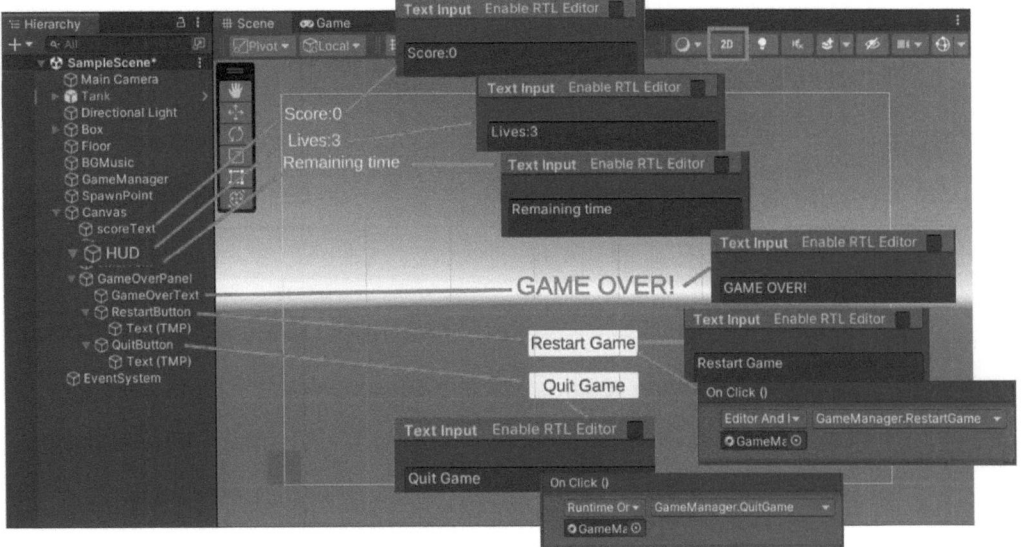

6. Kirjoita Inspectorissa tekstiobjektien Text Input kenttiin oletustekstit *"Score: 0"*, *"Lives: 3"* ja *"Remaining time"*

7. *GameOverText*, *RestartButton* ja *QuitButton* näytetään **GameOver**-pelitilassa, joten poista Inspectorissa näistä objekteista Active-valinnat. Valinnat asetetaan **GameOver**-tilassa arvoon *true*.

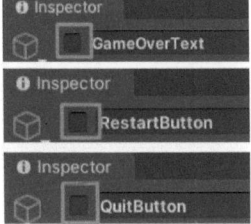

8. Liitä Inspectorissa **RestartButton**-painikkeen **OnClick**-toimintoon **GameManager**-objekti ja sen jälkeen **GameManager**-objektiin liitetyn GameManager-skriptin *RestartGame*() -metodi.

9. Liitä Inspectorissa **QuitButton**-painikkeen **OnClick**-toimintoon **GameManager**-objekti ja sen jälkeen **GameManager**-objektiin liitetyn *GameManager*-skriptin *QuitGame*() -metodi.

10. Lisää sceneen vielä *SpawnPoint* **emptyobjekti**, jonka sijainti määrittää Enemy- ja Mine-prefabien luontikohdan. Tämä on asetettu **Start**-metodissa *SpawnPoint*-muuttujaan. Aseta Inspectorissa *SpawnPoint* emptyn **Transform Position (0, 0, -19)**.

11. Tallenna scene ja testaa huolellisesti pelin toiminta eri tilanteissa **Play**-modessa. Tank-projekti käännetään ('buildataan') vielä myöhemmin valmiiksi peliksi, joka toimii myös ilman Unitya.

Huolellinen testaaminen ja eri tilanteiden tutkiminen on tärkeää. Peliä saadaan harvoin toimimaan ilman yhtään testauskierrosta. Tankki-pelissäkin on tässä vaiheessa paljon korjaamista vaativia toimintoja:

- **Enemy**-prefabin ja **Mine**-prefabin törmätessä **Enemy**-prefabi saattaa pysähtyä ja kaatua. Tähän tapahtumaan voi ohjelmoida joko **Collider**-tapahtuman tai **Trigger**-tapahtuman. Tankin kaatumisen ja kääntymisen voi estää asettamalla Inspectorissa Enemy-prefabille **Rigidbody**-komponentin **Constrains**-kohdassa **Freeze Rotation** -asetukset kaikille kolmelle akselille.

- Tässä vaiheessa Tank-projektia ei kehitetä enempää. Lopuksi harjoitellaan vielä Tank-projektin 'buildaaminen' toimivaksi ohjelmaksi Windows-alustalle.

Tavoitteet:

- Opit 'buildaamaan' pelin Windows-alustalle.

Unityllä peli voidaan kääntää toimivaksi ohjelmaksi useille eri alustoille. **Windowsin** lisäksi mahdollisia alustoja ovat **Mac, Linux, Android** ja **iOS**. Käännöstä varten pitää Unity-asennuksessa olla mukana kyseisen alustan paketti. Paketin voi lisätä **Unity Hubin Installs**-välilehdestä hammasratasvalikosta valitsemalla **Add Modules**.

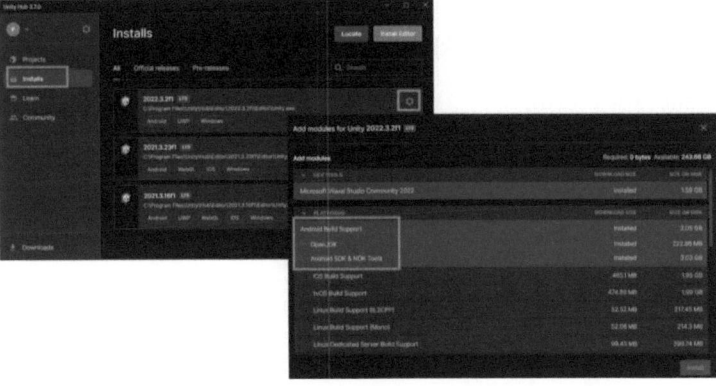

Kuva 71. Unityssa tulee olla asennettuna tarvittava tuki halutulle alustalle.Tarvittavan paketin saa asennettua HUBissa.

Jos peli halutaan kääntää esimerkiksi **Android**-puhelimelle, pitää valita **Android Build Support, OpenJDK** ja **Android SDK & NDK Tools**. Tämän jälkeen klikataan Install.

Pelin kääntäminen aloitetaan valitsemalla **File – Build Settings.** Scenet lisätään käännökseen valitsemalla **Add Open Scenes**. Scenet lisätään siihen järjestykseen kuin ne halutaan avautuvan. Listassa ensimmäisenä oleva scene (0) avataan pelissä ensimmäisenä.

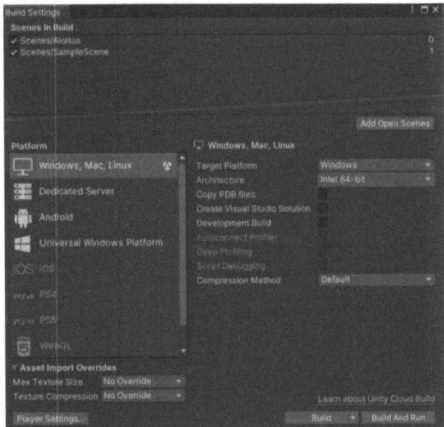

Haluttu alusta valitaan **Platform**-listasta. **Player Settings**-painikkeesta avautuu ikkuna, jossa pelille voidaan antaa nimi ja tekijätietoja. Tässä valintaikkunassa voidaan lisätä pelille myös kuvake ja määrittää oletusikkunan koko.

Kuva 72. Julkaistava alusta valitaan Platform-listasta. Scenet lisätään Scenes in Build listaan.

Asetuksien jälkeen peli käännetään klikkaamalla Build Settings-ikkunan **Build**-painiketta. Käännös luodaan valittuun kansioon. Kansioon tulee .exe-tiedoston (sovellus) lisäksi pelin tarvitsemat datatiedostot. Jos peli halutaan jakaa edelleen, niin mukaan jakoon on liitettävä kaikki kansiossa olevat tiedostot ja kansiot. Peli käynnistyy kaksoisklikkaamalla sovelluskuvaketta.

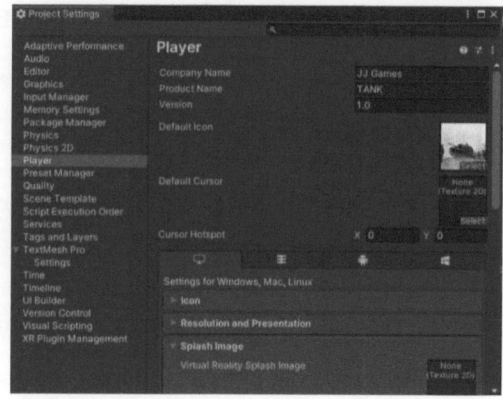

Kuva 73. Player Settings-ikkunassa voidaan lisätä tekijätietoja, ikkunan oletuskoko ja kuvake.

MonoBleedingEdge	28.12.2023 15.58	Tiedostokansio	
TANK_Data	28.12.2023 15.58	Tiedostokansio	
TANK	28.12.2023 15.58	Sovellus	635 kt
UnityCrashHandler32	28.12.2023 15.58	Sovellus	924 kt
UnityPlayer.dll	28.12.2023 15.58	Sovelluslaajennus	22 263 kt

Kuva 74. Buildaamisen jälkeen kansiossa on käynnistystiedosto TANK. Jos peli siirretään toiseen tallennuspaikkaan tai jaetaan, on kaikki kasiossa olevat alikansiot ja tiedostot liitettävä mukaan.

Harjoitustehtävä 11. Tankki-peli versio 1.0, Build

Avaa Tank-peliprojekti ja 'buildaa' se edellä esitettyjen ohjeiden mukaisesti käytössäsi olevan käyttöjärjestelmän mukaiselle alustalle. Asettele **Player Settings** -valintaikkunassa pelin tiedot ja ikkunointi haluamillasi tiedoilla. Buildaa peli ja testaa sen käynnistyminen kansion käynnistyskuvakkeesta.

TANK BATTLE

Start Game

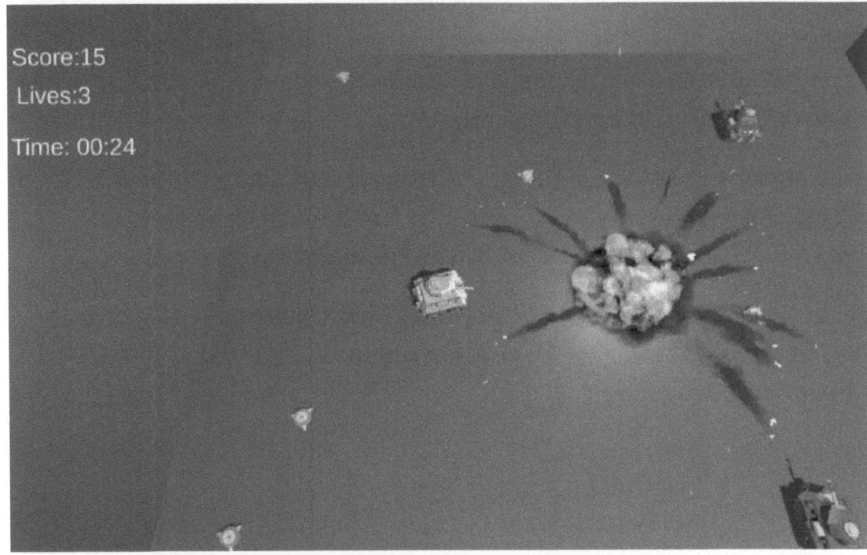

Score:15
Lives:3
Time: 00:24

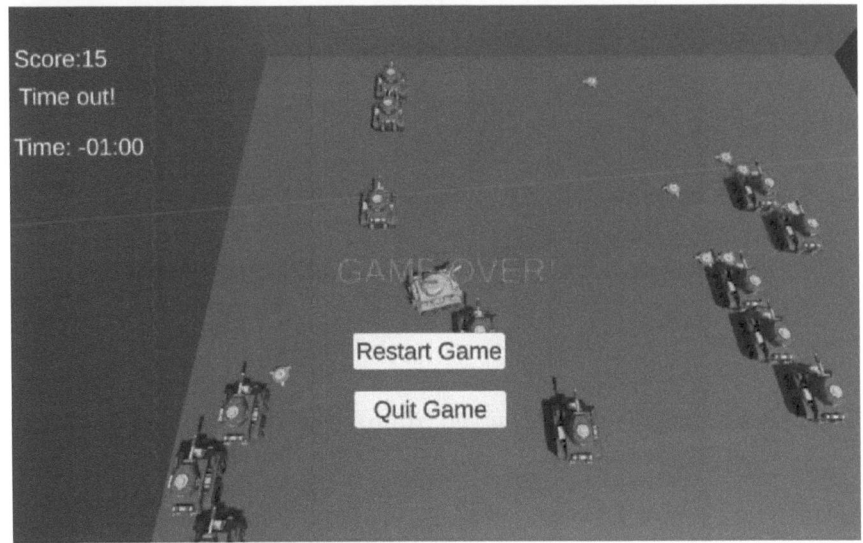

Score:15
Time out!
Time: -01:00

GAME OVER

Restart Game

Quit Game

LOPPUSANAT

Onnittelut, olet saapunut kirjani viimeiselle sivulle! Kiitos, että jaksoit käydä läpi koko teoksen ja syventyä Unity-peliohjelmoinnin maailmaan. Toivottavasti olet oppinut paljon uutta ja saanut inspiraatiota omiin projekteihisi.

Peliohjelmointi on kiehtova ja jatkuvasti kehittyvä ala, jossa mahdollisuudet ovat lähes rajattomat. Tämä kirja on vasta ensiaskel matkallasi pelikehityksen syvyyksiin. Toivon, että se on tarjonnut sinulle vahvan pohjan ja herättänyt kiinnostuksen oppia lisää. Unity tarjoaa lukemattomia työkaluja ja mahdollisuuksia, ja sen hallitseminen vie aikaa ja harjoitusta. Muista, että jokainen ohjelmoija on joskus ollut aloittelija, ja jokainen asiantuntija jatkaa oppimistaan yhä edelleen.

Peliohjelmoinnissa ei koskaan ole täysin valmis. Aina on uutta opittavaa, kokeiltavaa ja ideoitavaa. Maailma muuttuu ja kehittyy, ja pelinkehittäjän on pysyttävä mukana tässä muutoksessa. Älä pelkää kokeilla uusia asioita ja tarttua haastaviin projekteihin. Jokainen virhe ja onnistuminen vievät sinua eteenpäin ja tekevät sinusta taitavamman kehittäjän.

Kannustan sinua jatkamaan opiskeluasi ja tutustumaan syvemmin Unityn tarjoamiin mahdollisuuksiin. Liity pelinkehitysyhteisöihin, osallistu tapahtumiin ja verkostoidu muiden kehittäjien kanssa. Ja ennen kaikkea, pidä hauskaa luodessasi ja kehittyessäsi.

Kiitos vielä kerran, että olet ollut mukana tällä matkalla. Toivotan sinulle menestystä ja iloa peliohjelmoinnin parissa. Maailma tarvitsee sinun kaltaisiasi innokkaita ja luovia tekijöitä luomaan tulevaisuuden pelejä.

Jatka unelmointia ja koodaamista!

Parhain terveisin,

Jouko Järvenpää

LÄHDELUETTELO

Greig, M. (2021). *Sams Teach Yourself Unity Game Development in 24 Hours.*

Ferrone, H. (2021). *Learning C# Developing Games with Unity 2021.* Packt Publishing.

Selin, J. (2023). *Unity*

Grönberg, N. (2021). *Peliohjelmoinnin alkeet Unitylla.* Youtube-kanava.